Caffé bene
Story

스타벅스를 이긴 토종카페

카페베네이야기

| 강훈 지음 |

Caffé bene
Story

토종 커피 브랜드로
대한민국을 넘어 세계로

지난 해 카페베네 미국 타임스퀘어점을 오픈하기 위해 사전 준비 차 위해 미국에 다녀왔다. 공항에 도착했을 때 97년 스타벅스 준비 팀의 일원으로 미국 땅을 밟았던 그때가 문득 떠올랐다. 그때는 스타벅스를 배우기 위해, 지금은 입장이 바뀌어 스타벅스를 넘어서는 토종 브랜드의 미국 진출을 목적으로 간 것이다. '사람의 운명이 이렇게 바뀔 수도 있구나' 라는 생각이 들어 입가에 미소가 떠올랐다. 그러나 그때나 지금이나 변하지 않은 것이 한 가지 있다. 그때는 새로운 문화를 접하고 배운다는 것에 가슴이 뛰었고, 이제는 내가 키운 브랜드가 스타벅스의 본고장에 진출한다는 자부심으로 가슴이 뛴다. 내 열정만큼은 변함없이 살아 숨 쉬고 있다는 사실에 나도 모르게 안도의 한숨을 내쉬었다.

내가 요즘 많이 받는 질문 중의 하나는 이것이다.

"돈 많이 벌어 보니 어때?"

돈이 정말 없었을 때와 지금을 비교해 보면 돈이 제공해 주는 많은 혜택을 나도 실감하는 것이 사실이다. 돈이 있으면 원하는 것을 마음껏 살 수도 있고, 더 많은 사람들이 내게 호의적이며, 돈 걱정을 하지 않으며 살 수 있다. 하지만 이런 눈에 보이는 혜택보다 더 기쁘고 행복한 것은 계속해서 꿈꾸고 도전할 수 있다는 사실이다.

우리 사회에서 마흔이 넘어 꿈을 꾼다는 것은 그야말로 "정말 꿈꾸고 있군"이라는 말을 들을 법한 일이다. 아마 많은 사람들이 이렇게 생각할 것이다. '사회적으로 안정적 지위를 누리며 앞으로 남은 삶을 위해 한창 부를 축적해야 하는 시기에 도대체 무슨 꿈을 꾼단 말인가?' 그러나 내 두 번째 목표가 달성된 지금, 나는 다시 새로운 꿈을 꾸기 시작했다.

내 첫 번째 목표는 '스타벅스 다음가는 토종 브랜드를 만드는 것'이었다. 매장 하나 임대하기에도 턱없이 부족한 돈으로 할리스 커피를 창업했지만 나는 포기하지 않았고, 할리스 커피는 그 목표를 이루어 주었다. 두 번째 목표는 '스타벅스를 능가하는 브랜드를 만드는 것'이었다. 내가 합류할 당시 매장을 두 개 갖고 있던 카페베네는 3년도 채 되지 않아 매장 개수로 스타벅스를 넘어섰고, 매출액부터 고객 인지도까지 누구도 따라올 수 없는 업계 1위 브랜드가 되었다. 이제 내 두 번째 목표도 달성된 것이다.

이제 나의 세 번째 목표는 국내를 넘어 더 큰 무대로 나아가는 것이다. 내가 만든 브랜드로 세계 시장에서 세계적인 브랜드들과 어깨를 나란히 하는 것이 내 꿈이자 목표다. 나는 새로운 목표를 향해 다시 새로운 출발선에 섰다. 현재 준비 중인 브랜드는 사실 카페베네에 합류하기 전부터 구상하던 플랜이었다. 3년 전 홍콩을 여행한 적이 있는데, 우연히 유명한 망고 디저트 전문점에 들렀다. 한참 디저트를 먹다가 문득 이런 생각이 들었다.

'맛도 있고 아직 국내에는 이런 것이 없으니 국내에 들여오면 좋을 듯한데……. 그런데 이거 하나만 가지고는 좀 부족해. 커피와 매치를 시키면 좋을 것 같기는 한데 커피와 망고는 어딘지 별로 어울리지가 않으니 말이야.'

하지만 당시에는 내가 직접 브랜드를 만들기에는 시기가 무르익지 않았다고 판단했다. 나는 먼저 커피업계에 복귀하여 직접 하나의 브랜드를 성공의 반열에 올려놓은 뒤 내 것을 시작하자고 계획을 세웠다. 그래서 카페베네에 합류했고, 내가 세운 전략들이 성공을 거두어 카페베네가 성공의 궤도에 오른 뒤부터 나는 다시 새로운 브랜드에 대해 구체적으로 고민하기 시작했다.

그러던 중 작년 하와이를 여행하던 차에 눈길을 사로잡은 것이 하나 있었다. 바로 요거트 아이스크림 매장이었다. 그 순간 머릿속에서 '번쩍' 하고 아이디어가 떠올랐다. 젤라또를 요거트 아이스크림 형태로, 주스와 스무디를 망고 디저트류로 바꾸어 커피와 매치시키니 새로운 콘셉트의 커피전문점이 그려졌다. 망고만 가지고는 부족하다고 생각해 줄곧 고민을 하고 있었는데 요거트 아이스크림이 그 빈 부분을 해결해 준 것이다. 게다가 이제는 카페베네도 업계 1위의 자리를 차지하며 탄탄대로를 달리고 있어 좀 더 가벼운 마음으로 내 사업을 시작할 수 있을 것 같았다. 시기가 성숙하면 내 사업을 시작하겠다고 생각했었는데 이제 정말로 그 시기가 다가온 것이다.

시기와 함께 기회도 다가왔다. 얼마 전 나는 중국의 대기업인 중신궈안 그룹(中信國安 集團公司) 회장과 만나 올해 중신궈안 그룹과 합작법인을 설립한 뒤 내 새로운 브랜드를 중국에서 론칭하기로 합의했다. 이제 중국 전역에서 날개를 펼 날이 머지않은 것이다. 그리고 이 책이 출간될 즈음에는 '망고식스(MANGO SIX)'라는 이름으로 한국 시장에서도 내 꿈을 담은 브랜드를 선보이기 시작할 것이다.

돈이 있어도 꿈이 없다면 삶은 무미건조하고 심지어 불행할 수도 있다. 그러나 돈이 많지 않아도 꿈이 있다면 희망이 있기에 마음은 풍요로울 수 있다. 그리고 그 꿈이 언젠가는 물질적인 풍요로움과 정신적인 만족감을 동시에 선사할 수 있다. 내 성공의 기준이 돈이었다면 나는 지금 여기까지 오지 못했을 것이다. 그러나 '스타벅스보다 더 큰 토종 카페, 세계 시장에 우뚝 선 대한민국 토종 카페'를 꿈꾸었기에 지금 여기까지 올 수 있었다. 지금도 내 꿈은 현재 진행형이고 나는 반드시 그 꿈을 이룰 수 있을 것이라 믿는다.

그러니 돈을 목표로 하지 말고 언제나 마음껏 꿈을 꾸라. 큰 성공은 꿈꾸는 자만이 가질 수 있는 하나의 특권임은 분명한 사실이기 때문이다.

이 책을 쓰기까지 많은 분들의 도움을 받았다. 먼저 스타벅스 국내 론칭 팀에서 함께했던 분들, 우리나라 브랜드가 세계적인 브랜드와 견줄 수 있기를 고대하면서 함께 고생했던 할리스 직원들, 카페베네가 스타벅스를 누르고 지금의 자리에 오를 수 있도록 한 김선권 대표이사와 임직원 여러분들에게 무한한 감사를 표한다.

또한 할리스 커피 초창기 시절 강훈이라는 사람 하나를 믿고 진심으로 도와준 싸이더스 정훈탁 대표와 CU미디어 전용주 대표, 그리고 스타벅스 론칭 팀 시절부터 지금까지 항상 곁에서 도와준 아라코 최우찬 이사 및 홍탁성 대표님에게도 진심으로 감사를 드린다.

그리고 잔소리를 들으면서도 자기 일처럼 하는 최도환과 최윤정, 묵묵히 뒤에서 잘되길 바라는 캐스트 안혁모 본부장, 그리고 이번에 새로운 브랜드를 론칭한다고 하니 성심성의껏 지원해준 아시아브릿지 최진 대표, 틈만 나면 형을 찾는 엔오에이 나병준 대표, 김태엽 실장, 또한 망고식스가 세계적인 브랜드가 되길 바라며 고생하기를 각오한 임현식, 문은정, 임서연 외 직원들에게도 감사를 드린다. 이 책이 나올 수 있도록 도움을 준 김도연 실장과, 다산북스 김선식 대표, 그리고 출판사 직원 여러분들에게도 감사드린다. 일일이 다 말하지 못하지만 항상 곁에서 응원해주는 친구들과 후배들에게 다시 한번 진심으로 고마움을 전한다.

마지막으로 내가 무슨 일을 하든 자신감을 갖고 시작할 수 있도록 든든한 힘이 되어주신 부모님과 사랑하는 가족에게도 진심으로 감사의 마음을 전한다.

강 훈

누구도 따라올 수 없는
대한민국 1등 토종 카페를 만들다

단돈 1,500만 원으로 스타벅스의 아성에 도전하다

Caffé bene
Story

커피와의 첫 만남

"IMF로 인해 스타벅스 사업이 무기한 연기될 예정입니다."

1997년 11월, 3개월간 연수과정을 마치고 새로운 사업을 한국에 론칭할 거라는 희망에 부풀어 돌아온 우리들에게 회사로부터 전달된 한마디였다.

우리 팀이 스타벅스를 론칭하기 위해 시애틀 스타벅스 본사로 가서 3개월의 연수과정을 마치고 돌아오기 1주일 전, 한국에 그 유명한 IMF 경제 위기가 터지고 말았다. 지금은 IMF라는 말을 모르는 사람이 별로 없지만, 당시에는 그것이 무엇인지 아는 사람이 거의 없었다. 달러당 800원이던 환율은 2,000원을 넘어서고, 도산하는 회사들이 줄을 잇고, 대량 감원이 유행처럼 번져갔다. 언론에서는 연일 관련 기사를 내보냈고 모두들 나라가 망하는 것은 아닌지 공포감에 휩싸였다. 그런 상황에서 미국의 커피 브랜드 스타벅스를 수입하는 프로젝트는 연기될 수밖에 없었고, 언제 다시 재개될지 아무도 예측할 수 없었다.

1997년, 이명희 부회장의 지시로 신세계는 스타벅스를 한국에 론칭할 준비를 하고 있었다. 스타벅스 준비팀에 합류하기 전까지 나는 사실 커피에는 관심도 없었다. 커피를 마시는 사람들을 보면 '건강에도 안 좋은 커피를 왜 마셔? 차라리 우유를 마시는 게 낫지'라고 생각할 정도였다. 커피에 관심도 없던 내가 스타벅스 추진팀에 합류하게 된 것은, 이제 와서 돌이켜보면 지금의 내가 있기 위한 첫 번째 고리였던 셈이다.

스타벅스 준비팀에 합류하기 전, 나는 키오스크를 만드는 태스크포스팀 소속이었다. 1996년도에는 인터넷 쇼핑몰이 전혀 없던 시기였고, 관련 전문가도 우리나라에 두세 명 정도밖에 없었다. 그래서 미국 마이크로소프트 본사에서 두 명의 전문가가 우리 팀에 합류하여 함께 개발을 진행했다. 96년은 IT붐이 일어나기 직전으로, 인터넷이 대중적으로 보급되지 않았다. 그래서 인터넷 쇼핑몰 대신 백화점 앞에 '키오스크'라는 터치스크린 형식의 기계를 설치하고 그것을 통해 상품을 보여주고 고객이 구매할 수 있도록 했다. 국내 최초로 진행되는 프로젝트였고, 키오스크는 당시로서는 상당히 선진적인 시스템이었다. 그 시스템 개발을 위해 신세계와 마이크로소프트가 손을 잡았던 것이다.

1년 동안의 개발 프로젝트가 끝나자 본사에서는 인터넷 쇼핑몰을 본격적으로 구축할 목적으로 키오스크 개발팀을 전산실로 배치했다. 나 또한 전산실로 배치되었다. 그런데 원래 사람들을 만나 설득하는 일이나 이벤트 유치 등에 소질이 있던 나는 앉아서 개발하는 일이 도통 적성에 맞지 않았다. 1년 동안은 새로운 분야를 배운다는 호기심과 상당히 전도유망한 IT 분야를 담당한다는 자부심으로 열심히 일했지만, 다시 전산실에 배치되어 개발을 진행해야 한다고 생각하니 견딜 자신이 없었다. 그래서 상사를 찾아가 단도직입적으로 말했다.

"저는 더 이상 이 일은 못하겠습니다. 다른 부서로 보내주십시오. 만약 이 일을 계속해야 한다면 회사를 그만두겠습니다."

상사는 처음에는 놀라는 눈치였지만 뭔가를 생각하는 듯하더니 내게 말했다.

"그럼 좀 기다려봐. 적당한 곳이 한 군데 생각났으니 얘기해 보고 며칠 뒤에 알려줄게. 그때 다시 얘기하지."

그리고 며칠 뒤, 상사가 나를 불렀다.

"이명희 부회장님 지시로 회사가 미국의 스타벅스를 수입할 예정이야. 그 준비팀을 만들고 있는데, 내가 강 대리를 추천해서 그 팀으로 배치했어. 이제 그 팀에 가서 열심히 해 봐."

만약 내가 조금이라도 안주하는 성격이었다면 다시 새로운 분야로 간다는 것에 대해 두려움을 느끼고 망설였을 것이다. 그러나 다양한 분야를 두루 경험하기를 좋아하고 활동적인 나로서는 선택의 여지도 없이 그리고 한 치의 망설임도 없이 기쁘게 부서 이동을 받아들였다.

스타벅스 국내 론칭 준비팀은 운영 세 명, 마케팅 한 명, 점포 개발 한 명, 부장급 두 명, 이렇게 일곱 명으로 구성되었다. 그중 다섯명이 스타벅스 본사인 시애틀로 교육을 받기 위해 떠났다. 그 다섯명에 나도 포함되었다.

돌이켜 보면, 스타벅스에서의 3개월은 내 인생에서 매우 중요한 시간이었다. 커피가 무엇인지, 매장관리는 어떻게 해야 하는지 전혀 모르던 내가 그 짧은 시간 동안 커피 프랜차이즈에 필요한 모든 것들을 접할 수 있었기 때문이다. 그것도 세계 일류 기업의 현장에서 말이다.

우리는 3개월 동안 그야말로 고된 훈련을 받았다. 새벽 다섯 시에 시작해서 저녁 여덟 시까지 쉬지 않고 일해야 했다. 미국은 우리와 달리 카페가 새벽 다섯 시에 문을 열고 저녁 여덟 시에 닫는다. 이 자체도 우리에게는 문화적 충격으로 다가왔다. 우리나라에서 새벽 다섯 시면 대부분 꿈나라에 머물고 있을 시각이다. 그러나 미국에서는 그 시간이 손님이 가장 많은 시간대다. 사람들이 출근하면서 커피를 한 잔씩 사들고 가기 때문이다.

커피 맛을 전혀 모르던 나도 점점 커피 맛을 알아 가기 시작했다. 시간은 몇 분, 온도는 몇 도여야 커피가 가장 맛있는지 그 노하우를 배웠다. 커피 맛에 눈뜨기 시작한 것이다. 또 손님 응대는 어떻게 해야 하는지, 전체적인 운영은 어떻게 해야 매장이 제대로 돌아갈 수 있는지 방법들을 익혔다. 당시만 해도 한국에는 스타벅스와 같은 테이크아웃 커피 전문점이 없던 시절이었으므로 나는 마치 새로운 세계에 들어선 듯했다. 그리고 사소한 부분, 즉 디테일의 힘이 얼마나 대단한지, 작은 차이가 얼마나 큰 차이를 내는지 몸소 체험했다.

몸은 고됐지만, 나는 3개월 안에 제대로 배우고 싶다는 생각에 마음은 바쁘고 설렜다. 나뿐만 아니라 우리 팀원들 모두가 그랬다. 그렇게 열심히 배우면서 우리들 마음속에는 점차 커피 전문점에 대한 확신과 희망이 자라나기 시작했다.

'이렇게 좋은 맛에, 이런 시스템이라면 한국에서도 틀림없이 성공할 거야. 한국에는 아직 이런 게 없으니 분명히 된다고.'

3개월간의 교육과정을 마치고 우리 팀은 한국에서의 본격적인 론칭 작업을 위해 귀국했다. 그런데 우리를 기다리고 있던 것은 장밋빛 미래가 아니라 이전에는 본 적도 없는 엄청난 경제 한파였다. 본사는 우리가 교육을 마치고 귀국한 다음 해인 98년 3~4월경에 매장을 오픈할 계획을 갖고 있었다. 그러나 예상치 못한 IMF 경제 위기가 밀어닥치자 스타벅스 론칭 프로젝트는 기약 없이 연기되었다.

평범한 대다수 국민들의 눈에 우리 경제는 속수무책인 것처럼 보였다. 모두들 살길이 막막했고, IMF 경제 위기는 끝나지 않을 것처럼 느껴졌다. 우리 팀도 빨리 경제가 회복되기를 기다리는 것밖에 달리 방도가 없었다. 언제 매장을 열 수 있을지 기약이 없다는 사실에 나 또한 답답하기는 마찬가지였지만, 내가 할 수 있는 일이 없었다. 우리 회사뿐만이 아니라 전 국민이 절망의 늪에서 더 가라앉지 않기 위해 웅크리고 있을 뿐이었다.

그렇게 몇 달이 흐르자 나는 더 이상 내 인생을 허비할 수 없었다. 그것은 강훈이 사는 방식이 아니었다.

아버지가 주신 든든한 밑천

"아버지, 저 회사 그만두려고 해요. IMF 때문에 제가 하는 프로젝트가 연기되었는데, 언제 재개될지 모르겠어요. 차라리 그만두고 사업을 좀 해 보려고요."

프로젝트가 무기한 연기되자 나는 고민을 하다가 회사를 그만둘 결심을 하고 아버지께 말씀 드렸다. 당시는 회사마다 경영난이 심각해 몸집을 줄이기에 바빴다. 내 주위에도 감원을 당하는 친구가 한둘이 아니었다. 우리 팀은 경기가 좋아지면 프로젝트를 본격적으로 진행해야 하기 때문에 감원 대상에서 제외되었다. 모두들 회사에서 언제 잘릴지 몰라 안절부절하고 있는 와중에 우리 팀과 같은 상황은 남들이 보기에 부러운 상황이었을 것이다. 그러나 나는 예전부터 직장생활을 오래 할 생각이 없었다. 언젠가는 내 사업을 해야 한다는 계획을 세우고 있었기 때문에 빨리 결단을 내리는 편이 낫겠다고 판단했다.

다른 부모님들이라면 이 같은 상황에서 직장을 그만둔다고 하면 대부분 "너 제정신이냐? 남들은 일이 없어서 난린데 왜 알아서 그만두느냐?"라고 핀잔을 주셨을 것이다. 아니면 좀 더 부드럽게 "나가라는 것도 아닌데 왜 스스로 복을 차니? 좀 더 생각해 봐"라고 조언하는 분도 계셨을 것이다. 그러나 아버지는 이렇게 말씀하셨다.

"훈아, 네가 얼마나 고민을 많이 했겠니. 알아서 해라. 너는 뭐든 잘할 수 있다."

우리 아버지는 초등학교 선생님을 지내신 교육자이시다. 나는 어린 시절 집이 가난하지는 않았지만, 그렇다고 부유했던 것도 아니다. 초등학교 선생님의 월급 수준이 빤하지 않은가. 어머니의 불만은 아버지가 촌지 한 번을 받아오지 않는다는 것이었다. 밖에서는 존경받는 선생님이셨지만, 바른생활을 하는 남자들이 그렇듯 그 바른생활이 식구들을 불편하고 힘들게 할 때가 많은 법이다. 나는 10년 동안 사업을 하면서 아버지에게 금전적으로 도움을 받은 적이 없다. 딱한 번 당신이 든 계모임을 통해 삼천만 원을 대출해 주신 것 이외에 아버지는 단 한 푼도 금전적으로 도움을 주신 적이 없다. 그러나 나는 그것에 대한 원망이나 불만이 없다. 내가 지금의 자리에 설 수 있도록 아버지는 언제나 나에게 정신적인 응원을 아끼지 않으셨기 때문이다.

나는 재벌가의 자식은 아니지만, 정신적으로는 그들 이상으로 풍요롭다. 아버지의 헌신적인 믿음과 따뜻한 격려는 금전적인 보상보다 훨씬 큰 가치가 있기 때문이다. 힘들 때는 언제나 아버지의 응원소리가 내게 정신적인 위안과 든든함을 선사했다. 나는 어렸을 때부터 아버지로부터 '안 된다'라는 말을 단 한 번도 들어본 적이 없다. 대입 시험을 치르고 와서 다짜고짜 "저 재수할 거예요"라고 했을 때도 아버지는 아무 것도 묻지 않고 "알았다"라고 한마디만 하셨다.

"너는 할 수 있다. 너는 뭘 하든 잘할 거다"라는 아버지의 말은 나에게 무한한 자신감과 긍정의 마인드를 뿌리 깊이 심어 주었다. 아버지의 격려는 혈기왕성한 20~30대 때는 내 추진력의 원동력이었고, 많은 일을 겪고 조금은 조심스러워진 지금은 때때로 두려움이 고개를 들 때마다 나를 일으켜 세우고 격려하는 응원가가 되었다. '칭찬은 고래도 춤추게 한다'라는 것을 나는 몸소 체험했기 때문에 긍정의 힘이 인간을 얼마나 강하고 위대하게 만들 수 있는지 알고 있다.

내가 5년 동안 다니던 신세계를 그만두고 사업을 시작하겠다고 말씀 드렸을 때도 마찬가지였다.

"너는 잘할 수 있다."

아버지 입에서 나온, 간단하지만 나를 힘 솟게 만드는 한마디였다. 여기에 토종 브랜드를 만들어 보겠다는 애국심이 내 스스로를 부추기는 데 한몫했다. 당시 IMF 경제 위기를 빨리 벗어나기 위해 '금 모으기 운동' 등 전 국민이 나라를 위해 무엇인가 해보겠다고 나섰다. 나는 스타벅스에 맞서는 토종 브랜드를 만들겠다는 각오로서 애국심을 발휘하기로 결심했고 바로 사표를 던졌다.

'스타벅스만큼은 못하겠지만 대신 스타벅스 다음으로 큰 토종 브랜드를 내가 만들어 보겠어.'

그때 수중에 가진 돈이라고는 퇴직금 1,400만 원에, 신세계 동기가 보증을 서고 은행에서 빌린 돈 100만 원이 전부였다. 당시에도 1,500만 원은 카페 하나 차릴 수 있는 액수가 아니었다. 그러나 나에게는 아버지가 심어 주신 강한 자신감과 거기에서 나오는 무소불위의 추진력이 있었다. 비록 자본력은 없지만 자신감과 자부심을 밑천으로, 추진력을 무기 삼아 과감하게 커피 사업으로 내 인생의 승부수를 던진 것이다.

스타벅스 다음으로 큰
토종 카페를 만들겠다

'호랑이는 가죽을 남기고 남자는 이름을 남겨야 한다. 그러니 훈이 너는 사업을 해서 네 이름을 남기거라.'

아버지는 내가 어렸을 때부터 자주 이런 말씀을 하셨다. 겨우 1,500만 원을 들고, 그것도 그 힘들던 IMF 경제 위기 때 사업을 하겠다고 사표를 던지고 새로운 길을 찾은 것은 아버지의 당부가 무의식적으로 내 마음속에 자리 잡고 있었던 것도 한몫했던 듯싶다.

'그래, 나는 남자니까 사업을 크게 해 봐야지. 스타벅스가 뭐 그리 대단해. 커피, 그거 우리도 할 수 있어. 내가 한번 해 보겠어.'

회사를 다니면서 언젠가는 내 사업을 하겠다고 생각하고 있었는데, 아이러니하게도 IMF 경제 위기가 내 결단의 도화선을 당긴 것이다.

사업을 하겠다고 의욕적으로 나서기는 했지만, 처음에는 자본도 턱없이 부족했고 도와줄 인력도 없었다. 어려운 시기에 회사를 박차고 나와 무모한 도전을 한다고 걱정하는 사람들이 많았지만, 나는 분명 성공할 거라는 확신을 가지고 있었다. 그래서 '잘 될까?'라는 걱정보단 '어떻게 하면 잘할 수 있을까'에 대해 더 집중하고 고심에 고심을 거듭했다. 그러다 갑자기 스타벅스 준비팀에서 일할 때 시장조사를 하면서 알게 된 한 친구가 떠올랐다.

스타벅스 론칭 준비를 하면서 우리 팀원들은 자주 시장조사를 나갔었다. 당시는 한국에 원두커피 전문점이 새롭게 선보이기 시작하던 시기였다. 이러한 커피 매장은 이전의 커피를 팔던 곳과는 달리 셀프서비스로 운영되었는데, 쟈뎅과 사카가 한창 유행하던 시기였다. 스타벅스도 셀프서비스 커피 전문점이었기 때문에 우리는 쟈뎅 같은 셀프서비스 커피 전문점으로 가서 시장조사를 했다.

우선 각자 커피를 시켜 놓고 매장에 하루 종일 앉아서 시간대별 고객 수를 세고, 하루 방문 고객 수를 조사했다. 이를 통해 그 매장의 하루 매출을 추산할 수 있었다. 그리고 가져온 설문지를 돌리면서 스타벅스와 같은 셀프서비스 커피 전문점에 대한 고객들의 반응을 조사했다. 우리 업무의 대부분은 이러한 조사와 데이터 분석이었기 때문에 서울 시내에 있는 주요 커피 매장은 물론 작은 셀프서비스 커피점까지 샅샅이 조사하고 다녔다. 그런데 조사를 하면 할수록 '스타벅스가 한국에 론칭되면 과연 수익이 날까?'라는 의구심이 들었다. 당시에는 일일 고객 수가 300명, 일일 매출이 100만 원 이상되는 매장이 극히 드물었는데 스타벅스가 손익계산을 맞추고 유지되기 위해서는 일일 고객 수 600명, 일일 매출 300만 원 이상이 되어야 했기 때문이다. 계산상으로는 확실히 불가능해 보였다. 그래서우리가 내린 결론은 '스타벅스 한국 론칭에 성공하기 위해서는 최대한 한국식으로 변형해야 한다'는 것이었다. 우리는 우리가 내린 결론이 맞는지 검증하기 위해서, 또 그 결론에 맞추어 무엇을 더 준비해야 하는지 답을 찾기 위해 또 열심히 시장조사에 나섰다. 우리들은시장조사에서 알게 된 사실을 바탕으로 회사에 열심히 보고서를 올렸다.

- 스타벅스의 종이컵은 국내 정서에 맞지 않음.
- 셀프서비스는 싸다는 이미지를 심어주므로 서빙 방식으로 바꾸어 고급화해야 함.
- 나무의자는 딱딱해서 고객들에게 안락함을 주지 못하기 때문에 가능한 푹신한 소파로 교체해야 함.

  ⋮

그런데 우리의 결론을 뒤집는 일이 한 가지 있었다.

하루는 당시 신세계 대표이사였던 권국주 대표와 스타벅스 추진 팀이 티타임을 갖게 되었다. 90년대 스타벅스는 미국에서 승승장구하고 있었고, 스타벅스의 한국 사업권을 따기 위해 대기업을 포함한 100여 곳의 국내 회사가 경쟁을 벌였다. 그중 신세계는 유통업체라는 이점이 있어 쟁쟁한 기업들을 물리치고 스타벅스 미국 본사의 낙점을 받았다. 그런 만큼 우리들은 자부심이 대단했고, 임원들도 스타벅스 사업에 큰 관심을 쏟았다. 회사에서도 스타벅스 사업에 큰 기대를 걸고 있었다.

권국주 대표와의 티타임에 우리들은 그동안 시장조사를 통해 얻은 정보와 분석을 마구 쏟아내며 스타벅스 사업 방향에 대한 의견을 개진했다.

"셀프서비스를 하면 값싼 이미지를 줄 수 있기 때문에 고객들에게 직접 갖다줘야 합니다. 앞치마도 일반 주방에서 쓰는 것 같은 앞치마가 아니라 허리 아래만 두르는 앞치마로 바꿔야 합니다. 또 카페에 딱딱한 의자는 말이 안 됩니다. 푹신푹신해야 손님들이 좋아하죠. 더구나 카페는 주로 여성들이 많이 이용하니 아기자기하고 고급스런 분위기를 연출해야죠. 한국은 까다로운 시장이니 만큼 한국인의 입맛에 맞게 모두 바꿀 필요가 있습니다."

저마다 스타벅스의 스타일 중 한국 시장에는 맞지 않을 거라고 생각한 부분들을 열심히 지적했다. 우리의 얘기를 주의 깊게 듣던 대표님은 약간 심각한 표정을 띠고 말씀하셨다.

"우리는 쟁쟁한 기업들을 물리치고 스타벅스 한국사업권을 획득했습니다. 경쟁도 치열했고, 더욱이 로열티를 지불하고 사업권을 가져온 것입니다. 만약 스타벅스가 정말 탐나는 브랜드가 아니었다면 왜 그 많은 기업들이 경쟁을 했을까요? 스타벅스가 가지고 있는 노하우와 시행착오를 거치며 만들어 놓은 매뉴얼이 훌륭하기 때문에 많은 업체들이 경쟁에 뛰어들었고, 우리는 로열티를 지불하며 브랜드를 들여오는 것입니다. 그러니 여러분들은 어떻게 하면 한국시장에 맞게 스타벅스를 변형할까를 고민하지 말고, 스타벅스 브랜드를 어떻게 하면 한국에서 성공시킬 수 있을까를 고민해야 합니다. 게다가 하워드 슐츠 회장도 강조하지 않습니까? '스타벅스는 커피를 파는 것이 아니라 질과 서비스, 그리고 만남의 공간을 제공하는 커피 서비스를 판다'고 말입니다. 그러니 우리도 커피뿐만 아니라 그 문화를 함께 판매해야 합니다."

사실 지금이야 '커피를 파는 것이 아니라 문화를 판다'라는 말이 워낙 유명해서 무슨 말인지 충분히 이해가 가지만, 대표님의 의미심장한 말씀을 들으며 나를 비롯한 우리 팀원들은 그 뜻이 정확히 무엇인지 알지 못했다. 그래서 마음속으로는 여전히 '그대로 해서 성공할 수 있을까? 하루에 300만 원 이상의 매출을 올릴 수 있겠어?'라는 의문을 품었다.

그러나 권국주 대표님의 '스타벅스의 스타일을 그대로 받아들여 사업을 전개해야 한다'라는 말씀은 이후 내가 할리스 커피 사업을 할 때 그리고 카페베네 사업을 진행하면서, 금과옥조가 되었다. 그때는 경험이 없어 몰랐지만, 경험을 하고 난 후에는 그 말의 의미가 마치 스펀지가 물을 흡수하듯 속속들이 와 닿았다.

이렇게 우리 팀원들은 나름대로 스타벅스의 성공적인 한국 론칭을 위해 열심히 뛰어 다니며 고군분투했고, 커피 시장에 대한 많은 것들을 하나하나 알아 나갔다. 한창 시장조사를 다니던 그때 팀원의 대학 동기가 운영하는 커피숍에 들렀던 적이 있는데, 그때 우리는 커피 시장에 대해 많은 이야기를 나누었다. 그때는 우리가 다시 인연을 맺게 될지 몰랐지만, 커피 사업을 시작했을 때 내 머릿속에 그 친구가 가장 먼저 떠오른 것이다.

돈이 없으면
윈윈(win-win) 전략으로

"원식아, 나도 돈이 별로 없고 너도 돈이 많지 않으니 우리 같이 사업을 해 보자."

시장조사 때 알게 된 것을 계기로, 나는 성신여대 부근에서 커피숍을 하던 강원식이라는 친구를 떠올렸고, 곧바로 그를 찾아가 함께 사업을 하자고 제의했다.

마침 그 친구도 IMF 경제 위기의 여파로 커피숍 운영에 큰 어려움을 겪고 있어 여러 가지로 고민을 하고 있었다.

"나도 장사가 너무 안 돼서 좀 좋은 위치로 옮기고 싶은 차였어. 여기 계약 기간이 끝났는데, 건물 주인이 돈이 없다고 보증금 지급을 계속 미루고 있어. 빨리 집주인한테 돈 받아서 같이 해 보자."

이렇게 해서 나는 한 명의 동업자를 얻게 되었다. 사실 처음에 우리는 동업의 개념도 없었다. 단지 '각자 자금이 많이 부족하니 서로 합해 보면 뭐라도 되겠지'라는 막연한 희망을 품은 것이다. 내가 가진 자본금은 1,500만 원이었고, 원식이가 가진 자본금도 1,500만 원 정도였다.

"사장님, 저 다른 곳으로 매장을 옮길 예정입니다. 친구랑 하기로 약속했으니 빨리 보증금 주세요!"

우리가 함께하기로 결정하고 난 뒤, 원식이는 돈을 받기 위해 수차례 건물 주인에게 재촉했지만, 건물 주인은 IMF로 사정이 정말 어렵다는 핑계를 대며 차일피일 미루기만 했다.

"안 주고 싶어서 그러는 게 아니고, 정말 없어서 그래. 조만간 만들어 줄 테니 조금만 기다려 줘."

그러나 우리도 남의 사정을 봐 줄 형편이 못 되었고, 하루가 급했다. 그런데 주인이 계속 미루기만 하니 급기야 싸움이 벌어졌다.

"정말 뭐 하시는 겁니까? 계약 기간 끝났으니 빨리 제 보증금 돌려주세요!"

원식이가 마구 화를 냈다.

"정말 없어서 그런다니까! 그럼 마음대로 해 봐!"

집주인도 막무가내로 나왔다. 둘이서 싸우고 싸워 마침내 어렵사리 합의점을 찾았다.

"그럼, 1,000만 원으로 하지."

원래는 1,500만 원을 받아야 했지만, 당시는 모두들 형편이 너무 안 좋아서 언제 받을 수 있을지 매우 불확실한 상황이었기 때문에 1,000만 원이라도 받아야 했다.

이렇게 해서 사업을 위한 우리의 총 자본금은 2,500만 원이 되었다. 턱없이 부족한 자금을 갖고 시작한 사업이라 고심해서 동업자를 찾아냈지만, 우리 두 명이 합쳐도 사업을 시작할 자본금으로서 초라하기는 도토리 키 재기였다.

그런데 내게는 신세계에서 일하던 시절부터 남들보다 잘하는 주특기가 한 가지 있었다.

5년 동안 신세계에서 근무하면서 나는 다섯 번이나 부서를 옮겼다. 식품부, 신혼생활관, 생활잡화 수입팀, 키오스크 개발팀, 스타벅스 추진팀까지. 안주하는 성격이었다면 이런 이동 때문에 스트레스를 받을 수도 있었겠지만, 내 경우에는 정반대였다. 다양한 경험을 할 수 있어서 오히려 즐겁고 지루하지 않았다. 그리고 워낙 활동적인 성격이어서 옮길 때마다 부서 사람들이든, 거래처 사람들이든 새로운 사람들과 금방 친해졌고, 시간이 흐르면서 네트워크가 풍부해졌다. 인맥이 넓어지자 업무에도 큰 도움이 되었다. 알고 있는 인맥을 엮어서 다양한 프로모션을 진행할 수 있었기 때문이다.

특히 신혼생활관에서 근무할 때 마케팅에 관련된 많은 것을 배울 수 있었다. 마케팅팀에는 과장님과 나 둘뿐이어서 우리 두 명이 판촉, 홍보, 이벤트, 광고 등을 모두 진행해야 했다. 더욱이 신혼생활관은 백화점에서도 별관 개념이었기 때문에 배정되는 예산이 극히 적었고, 가급적이면 돈을 쓰지 않는 마케팅을 진행해야 했다. 돈이 없다고 홍보나 마케팅을 안 할 수도 없고, 그렇다고 마케팅 예산을 받아내기도 어려워 나는 돈이 아니라 최대한 머리를 썼다. 내가 가지고 있는 것을 주고, 상대가 가지고 있는 것을 받는 윈윈(win-win) 마케팅을 했던 것이다.

예를 들면, 코엑스의 결혼박람회도 최소한의 비용으로 참가했다. 보통 신세계는 50개 정도의 대형부스로 참가하는데 그렇게 되면 부스비만 7,500만 원 정도가 든다. 나는 코엑스 측에 연락해 우리가 대규모의 부스를 얻는 만큼 할인을 해달라고 요청했다. 그러면 보통 개당 150만 원의 부스를 100만 원 정도까지 할인받게 된다. 그 다음 우리와 거래하는 협력업체들에 전화를 걸어 함께 참여하자고 제안을 하고 부스당 120만 원에 제공하겠다고 말한다. 업체의 입장에서는 개별적으로 참가해 150만 원을 내는 것보다 30만 원의 부스비를 절약할 수 있어 당연히 내 제안에 동의한다. 또한 협력업체는 대형 부스에 함께 참여함으로써 관람객들의 주목을 더 받을 수 있으므로 주목도에 있어서도 유리한 측면이 있다. 이렇게 협력업체를 여럿 모으면 우리는 나머지 약간의 비용만 내고 박람회에 참여하는 것은 물론 화려한 대형 신세계 부스를 꾸밀 수 있다. 결과적으로 코엑스, 신세계 신혼생활관, 우리의 협력업체, 이렇게 3자는 좋은 조건으로 각자의 목적을 달성한다.

또 내가 가지고 있는 자원을 최대한 활용했다. 신혼생활관에서는 30페이지짜리 소식지를 발간해 회원들에게 나눠주었는데, 회원들을 위한 이벤트를 고민하다 회원들이 대부분 여성이라는 점에 착안해 영화를 떠올렸다. 나는 우선 영화사를 찾아가 우리 회원들을 위한 이벤트로 영화시사회를 할 예정이며 영화를 홍보해 주겠다고 취지를 설명한 뒤 시사회 개념으로 영화를 상영해 달라고 제안했다. 그리고 극장에서 하루 대여료 30만 원을 내고 상영관을 빌렸다. 그런 다음 응모권을 보내면 추첨해서 시사회 입장권을 발송해 준다는 영화시사회 이벤트를 소식지에 실었다. 이렇게 해서 30만 원으로 회원 이벤트를 실시할 수 있었다.

그 뒤에는 한 단계 더 나아가 〈마이 웨딩〉 잡지를 연계했다. 우선 잡지사의 편집장을 찾아가 '신세계 신혼생활관과 〈마이 웨딩〉이 함께하는 시사회'를 제안했다. 이벤트 페이지에 영화시사회 광고를 실으면 자연히 영화 광고가 되므로 나는 다시 '씨네마서비스'를 찾아가 영화시사회를 개최하라고 제안했다. 양측의 동의를 얻어 이벤트 진행이 결정되었고 〈마이 웨딩〉과 신혼생활관에서는 응모권을 추첨해서 회원들에게 영화시사회 티켓을 보내주었다. 이렇게 해서 당첨된 회원들은 영화시사회에 참여할 수 있었고 우리는 상영관 30만 원의 대여료도 해결할 수 있었다.

이러한 방식으로 마케팅을 진행하다 보니 이때부터 돈을 들이지 않고도 서로에게 이득이 되는 윈윈(win-win)의 전략으로 마케팅이나 이벤트를 진행하는 방법을 터득하게 되었다. 그리고 여러 부서를 이동하며 일을 하다 보니 전체적으로 조망할 수 있는 시각도 생겼다.

5년이라는 길지 않은 시간이었지만, 그 시간 동안 나름대로 생존 전략을 터득했기에 사업을 시작하면서 그때까지 몸에 밴 생존력이 다시 꿈틀대기 시작했다. 더욱이 이제는 내 사업, 내 것을 하고 있지 않은가! 드디어 내 주특기를 한껏 펼칠 때가 온 것이다. 내 안에선 이전보다 더 절박한 생존의 본능이 전열을 가다듬기 시작했다.

강남역 지하 14평 매장에서
할리스 커피 닻을 올리다

"사장님, 앞으로는 스타벅스 같은 셀프서비스 커피 전문점이 대세가 될 겁니다. 이런 커피숍은 전부 스타벅스 같은 형태로 바뀔 거예요. 저는 신세계 스타벅스 추진팀에서 일을 했고, 3개월 동안 직접 스타벅스에 가서 커피 사업의 노하우를 배우고 왔습니다. 그래서 누구보다도 이 사업에 자신이 있어요. 그러니 저희와 손잡고 한번 일해 보세요. 인테리어와 기계 장비는 저희가 투자할게요. 그 대신 매장 수익의 50%를 저희에게 주시면 어떨까요? 인테리어도 바꾸고 메뉴도 저희가 제안하는 대로 바꾸시면 매출은 확실히 오를 겁니다."

어렵사리 받아 낸 친구의 보증금과 내 돈을 합쳐 봐야 크지 않은 금액이었기에 우리는 그 돈으로 사업을 시작할 수 있는 방법을 찾아야 했다. 거기에 신세계 시절 스스로 배우고 터득했던 마케팅 기법을 동원해 생각해 낸 것이 강남역 지하상가의 커피숍과 윈윈 방식으로 동업을 하는 것이었다. 친구와 나의 생각은 이랬다.

'그래도 커피숍이니 강남으로 진출해야지. 그런데 우리가 돈이 없잖아. 그러니 매장은 낼 수가 없고, 강남역 주변에 장사가 안 되는 곳을 찾아 우리가 인테리어를 해 주고 기계 장비를 공급하는 거야. 그렇게 분위기를 싹 바꿔서 매출을 올리고, 수익을 반반씩 나누자고 제안을 하는 거지.'

그렇게 해서 찾아낸 곳이 바로 강남역 지하상가의 커피숍이었다. 지상의 커피숍은 우리가 가지고 있는 자본으로는 가능성이 없었기 때문에 지하상가에서 집중적으로 찾았고, 마침 한 곳이 우리가 생각하는 모든 조건과 맞아떨어졌다. 그래서 우리는 그 커피숍의 주인을 찾아가 자료까지 보여주며 앞으로의 커피 시장에 대해 장황하게 설명했다.

우리의 설득이 주효했는지 커피숍 사장님은 우리의 제안에 동의했다.

"그럼, 그렇게 해 보죠. 대신 계약기간은 1년이에요. 1년 해 보고 정말 장사가 잘 되면 계속 같이하면 되니까. 그리고 지금 장사도 이렇게 안 되니 그렇게라도 해보는 게 더 나을 것 같아요."

이렇게 해서 '할리스 커피'라는 간판을 단 제1호점이 탄생했다.

신세계를 그만둔 지 석 달 만에 야심찬 커피 사업이 드디어 닻을 올린 것이다.

사실 할리스 커피 1호점 계약은 결코 우리에게 유리한 조건이 아니었다. 인테리어도 우리가 하고 기계 장비도 우리가 장만하지만, 1년이 지나면 매장을 포기하고 나가야 하는 쪽은 우리였다. 단지 우리에게 이득이 되는 점은 할리스 커피의 간판과 로고를 달고, 1년 동안 매장 수익의 50%를 받는다는 것뿐이었다. 만약 그때 내가 이런저런 것을 따졌다면, 할리스 커피는 탄생하지 못했을지도 모른다. '가만히 생각해 보니 잘 돼도 내쫓길 것이고, 안 돼도 내쫓기는 게 임이잖아. 이건 아니다'라는 생각으로 망설였다면 그 계약은 성립될 수 없었고, 우리는 적은 돈을 가지고 커피 사업을 해 보겠다고 애쓰다 포기했을지도 모른다. 하지만 '나는 하면 뭐든지 잘 풀리니 이번에도 잘 될 거야'라고 내 운을 철저히 믿었다. 그리고 돈을 벌기보다는 사업을 하는 데 목표를 두고 있었기 때문에 1호점 오픈에 초점을 맞췄다. 돈이 목표가 아니었기에 사업의 첫 번째 고리를 끼울 수 있었던 셈이다. 이렇게 해서 2,500만 원을 가지고 커피 사업을 시작할 수 있었다.

그 당시 나는 그렇게 매장을 시작하면 분명히 잘 될 거라고 스스로를 믿었다. 아니, 확신했다. '너는 뭐든지 잘할 수 있다'라고 언제나 긍정의 철학을 심어주신 아버지의 교육이 크게 작용하기도 했지만, 실제로 그때까지 언제나 운이 좋았기 때문에 '잘 될까?'라는 의심을 품지 않았다. 신세계에 입사할 때도 그랬다.

신세계에 입사원서를 넣은 날 나는 친구들과 함께 다른 지방으로 여행을 갔다. 핸드폰도, 삐삐도 없던 시절이라 유일한 통신수단은 전화였다. 우리 집은 전형적인 경상도 집안이어서 식구 모두 매우 무뚝뚝하다. 지금도 명절 이외에는 집에 거의 전화를 하지 않아서 어쩌다가 전화를 걸면 무슨 일이라도 있냐고 물어볼 정도다. 그렇게 도통 전화를 걸지 않는 내가 여행을 간 그날 뜬금없이 집에 전화를 했다. 이유는 없었는데 그냥 전화를 걸었던 것이다. 그런데 아버지께서 "훈아, 전화 잘 했다. 신세계에서 면접 보러 올라오라고 연락이 왔다. 오전 10시라고 하더라. 내일 빨리 올라가라"고 말씀하시는 것이 아닌가? 지금도 그때를 생각하면 아찔하지 않을 수 없다. 만약 그때 집에 전화를 하지 않았더라면, 신세계에 들어가지 못했을 것이고, 커피에 대해 전문적으로 알 기회를 얻지 못했을 것이며, 그 후 카페 베네 사업을 하지도 못했을 것이다. 그 이후로도 순간적인 행동이 내 인생의 고리를 이어가는 데 결정적인 역할을 했던 때가 한두 번이 아니었고, 그것은 요즘도 마찬가지다.

만약 누가 내게 '인생이 무엇이라고 생각하십니까?'라고 묻는다면, 나는 '순간순간을 엮어 만들어지는 개인의 역사입니다'라고 대답할 것이다. 긴 인생을 산 것은 아니지만, 마흔이 조금 넘도록 살아오는 동안 겪어 온 경험들에 비추면 그렇다. 우리의 인생은 분명 순간순간이 모여 이루어지는 하나의 긴 여정이다. 순간순간 최선을 다해야 하는 이유는 지금 이 순간 내가 하는 행동이 내 인생을 어디로 이끌고 갈지 알 수 없기 때문이다.

우연히 건 전화 덕분에 나는 면접을 보러 갔고, 140대 1의 경쟁을 뚫고 신세계의 사원이 되었다. 항상 행운의 여신은 내게 손을 들어주었고, 아버지도 언제나 내 편에 서 계셨기에 1년 뒤에 어떻게 될지 알 수는 없었지만 '역시 잘될 것이다'라는 믿음이 샘솟았던 것 같다. 그래서 어찌 보면 손해 보는 계약이기도 했지만 조금도 주저하지 않고 할리스 커피 1호점 계약을 했던 것이다.

매뉴얼에 담긴 진리를 깨닫다

'이제 권국주 대표님의 스타벅스 매뉴얼을 그대로 따라할 필요가 있다는 말의 의미를 완전히 이해하겠어. 그게 성공하는 길이야.'

강남 지하상가의 할리스 커피 1호점을 1년 동안 운영하고 나서 얻은 결론이자 교훈이었다.

계약이 성사된 뒤, 14평 남짓한 할리스 커피 1호점에서 커피숍 사장님, 나, 원식이, 이렇게 셋의 동거가 시작되었다. 우리는 인테리어를 바꾸고 커피머신을 새롭게 들여 놓고 메뉴도 새로 개발해서 커피숍이 아닌 '카페'를 운영하기 시작했다. 영업시간은 오전 7시부터 오후 11시까지로, 우리는 하루 열두 시간을 카페 운영에 매진했다.

고급스런 이미지를 위해 스타벅스 같은 앞치마가 아니라 허리 밑으로만 있는 깔끔한 앞치마를 둘렀고, 우리가 직접 서빙을 했다. 의자도 딱딱한 의자가 아니라 푹신푹신한 소파에 컵도 종이컵이 아니라 머그잔을 사용했다. 메뉴도 새롭게 추가했다. 지금은 카푸치노, 까페라떼, 까페모카가 국민음료가 되었지만, 당시에는 생소한 음료에 속했다. 우유를 데우는 스팀기가 '치익~' 하고 소리를 내면 손님들은 '저게 뭐지?'라는 표정으로 쳐다보기가 일쑤였다. 나는 남들은 배우지 못한, 그리고 알지도 못하는 스타벅스의 매뉴얼을 철저하게 배웠음에도 배운 것 중에 그대로 도입한 것은 카페라떼 등의 커피 메뉴뿐이었다. 다만 당시로서는 생소하고 선진적인 메뉴였기에 식품 관계자들이 만드는 방법을 배우기 위해 많이 찾아왔었다. 해태음료, 매일유업 등의 관계자들을 비롯해 한솥도시락 사장님도 테이크아웃 샵의 한 아이템으로 커피 사업을 생각하며 찾아와 상담을 했다. 어쨌든 당시로선 새로운 메뉴에 새로운 형태의 카페였기 때문에 사람들의 주목을 많이 받았는데 우리 카페를 보고 스타벅스가 한국에 들어오면서 이름을 바꾼 것이 할리스 커피라고 생각하는 사람들도 많았다.

1호점이었기에 나는 내 모든 것을 걸고 의욕적으로 일했다. 당시 커피 전문점으로서는 최초로 영화시사회 이벤트도 했다. 매장에 영화포스터를 붙여 주고 영화사로부터 초대권을 받아 매장에 오는 손님 중에 추첨해 초대권을 주었다. 한 번에 일곱 개의 포스터를 붙인 적도 있었다. 당시 우리가 최초로 카페에서 영화시사회 이벤트를 시작하자 이후 다른 커피 브랜드에서도 경쟁적으로 이러한 이벤트를 진행하게 되었다.

그러나 매출은 항상 기대와는 거리가 멀어 임대료에 운영비를 빼고 나면 우리 셋이 먹고살기도 벅찼다. 그래서 원식이와 나는 때가 되면 식사도 하나를 시켜 밥만 한 공기 추가해 먹는 날이 대부분이었다. 성공에 대한 자신감과 믿음은 변함없었지만, 성공의 여신은 아직 내편이 아니었다. 그야말로 최저 생활비로 끼니를 때우며 버티는 삶이었다.

시간은 계속 흘러 계약 만료일이 가까워 오고 있었지만, 계약이 끝나고 우리가 남을 수 있는 가능성은 전혀 없었다. 그러나 나는 절망하지 않았다. 내 안에서는 다시 생존 본능이 작동하기 시작했고, 또 다른 기회를 만들기 위해 열심히 사람들을 만났다. 나는 막다른 골목에 서 있었고 앞으로 전진하는 것만이 내 살길이었기 때문이다.

나는 실패의 원인을 분석하면서 한 가지 사실을 철저히 깨닫게 되었다. 예전 스타벅스 추진팀에서 일할 때 권국주 대표님께서 우리 팀에 하셨던 "스타벅스 매뉴얼을 그대로 따르라"는 그 말. 당시에는 그것이 무슨 의미인지 이해되지도 않았고, 한국 시장에 맞지 않다고 생각했기 때문에 동의할 수 없었다. 그런데 내가 직접 카페를 운영해 보니 대표님의 말씀이 옳았다는 사실을 알게 되었다. 커피숍에서 새로운 개념의 테이크아웃 카페로 가기 위해서는 철저히 스타벅스의 운영 방식을 따를 필요가 있었다. 당시 한국에는 100여 개 정도의 커피 브랜드가 난립하고 있었는데, 만약 우리가 한국식 커피숍의 방식을 따른다면 또 하나의 커피숍을 만드는 것일 뿐 차별화가 되지 않을뿐더러 한국식 커피숍에 스타벅스에서 배운 몇 가지를 섞어 만든 '짬뽕식' 카페밖에 되지 않는 것이었다. 그리고 손님들이 직접 주문하고 가져가는 셀프서비스가 당시로서는 익숙지 않은 방식이기는 했지만, 손님들에게는 하나의 재미요소일 수 있었다.

앞치마의 경우도 그랬다. 스타벅스에서는 가슴까지 있는 앞치마를 쓰는 반면, 우리는 고급스런 이미지를 주겠다는 의도로 고급 카페처럼 허리 아래만 두르는 앞치마를 사용했다. 그런데 앞치마를 두르고 일을 하다 보면 저녁 때쯤 되어 앞치마가 매우 더러워지게 마련이다. 매일 빨아야 하기 때문에 고급스런 앞치마를 사용해 봐야 비용만 더 들 뿐이었다.

생각해 보면 디자인, 마케팅, 메뉴, 운영 방식 등에 관해 스타벅스는 오랜 시간을 거쳐 시행착오를 거쳤고, 거기에 그 분야의 최고 인재들이 고심하며 매뉴얼을 만들어 낸 것이다. 스타벅스 매장에 들어갔을 때 별 생각 없이 접하게 되는 작은 요소 하나하나에도 수많은 시행착오와 전문가들의 손길이 들어 있는 것이다. 매뉴얼은 비용과 경험, 그리고 각종 아이디어들이 집결된 하나의 성전(成典)과도 같다. 그런데 나는 남들은 알지 못하는 성전의 내용을 속속들이 알고 있으면서도 새롭고 차별화된 카페를 만들지 않고 이전의 것을 답습하고 있었으니 이것은 경쟁이 치열한 국내 커피숍 시장에 숟가락을 하나 더 없은 격이었다. 할리스 커피 1호점의 실패는 나 스스로는 알지 못했지만 예견된 것이나 마찬가지였다.

그런데 한 가지 다행인 사실은 경험을 통해 내가 무엇을 잘못했는지, 실패의 원인이 무엇인지 스스로 진단할 수 있었다는 점이다. 이때의 깨달음 덕분에 그 이후 시행착오를 하지 않았고, 성공을 향한 발판을 다질 수 있게 되었다. 실패의 열매는 정말로 썼지만, 어떻게 하면 성공의 열매가 열리는지 그 방법을 배울 수 있었다.

그리고 나는 실패에서 성공으로 방향을 돌리기 위해 새로운 판을 짜기 시작했다.

실패, 그러나 전진하다

"음……. 커피 사업 그거 괜찮을 것 같네. 사업계획서를 좀 봤으면 하는데."

할리스 커피 1호점 계약이 끝나기 한 달 전, 건설 쪽에서 분양을 담당하고 있던 친구의 소개로 관련 업계에 있는 분을 알게 되었다. 매장 계약이 끝나는 한 달 뒤의 내 처지는 그야말로 막막했고, 어떻게든 커피 사업을 지속해야 했다. 나는 마치 하늘에서 내려온 동아줄이라도 잡는 심정으로 그분에게 커피 사업에 대해 필사적으로 설명했다.

"앞으로는 분명히 스타벅스 같은 커피 전문점이 크게 호황을 누리게 될 것입니다. 지금 미국에서는 스타벅스 매장이 우후죽순처럼 생겨나고 있습니다. 지금 시작하면 한국 시장에서 선점할 수 있으니 빨리 시작해야 합니다. 체인점을 모집해서 운영하면 사업적으로도 크게 성공할 수 있습니다. 저는 이 사업이 잘될 거라고 백 퍼센트 확신합니다."

물론 커피 사업의 전망에 대해 확신도 있었지만, 새로운 돌파구를 찾아야 했기에 나는 상대를 설득하는 데 총력을 기울였다. 친구로부터 소개받은 분도 내 설명을 듣고 커피 사업에 대해 잘은 모르지만 큰 매력을 느끼는 듯했고, 그 자리에서 사업계획서를 보고 싶다고 했다. 나는 이틀 만에 사업계획서를 완성해 다시 그분을 만났다. 그러자 "매장에 가서 직접 한번 보고 싶은데"라는 대답이 돌아왔다.

그 주의 주말, 친구와 그분은 강남 지하상가에 있는 할리스 커피로 찾아왔다. 다행히 주말이어서 하루 종일 매장에 손님이 북적거렸다. 행운의 여신이 다시 한 번 나를 향해 미소를 지어 준 것이다.

"내가 투자자를 데리고 올 테니 투자자, 나, 자네 이렇게 3:3:3으로 배분하면 어때? 같이 커피 프랜차이즈 사업을 한번 해 보자고."

나는 거절할 이유도 없었고, 살길은 오직 전진뿐이었기 때문에 그 자리에서 승낙했다.

"네, 좋습니다. 저도 열심히 해 보겠습니다."

이렇게 해서 다시 희미한 서광이 보이기 시작했고, 나는 무조건 그 빛을 따라 앞으로 나아갔다. 강남 지하상가 카페 계약 기간이 끝나면서 나는 원식이와 각자의 길을 가기로 합의했다. 원식이는 선배와 함께 대전에서 할리스 커피를 독립적으로 오픈할 계획을 세우고 있었다. 나는 그분을 통해 여러 사람들을 만나게 되었고, 중간에 작은 매장을 하나 오픈하기도 했다. 또 앞으로 할리스 커피의 인테리어를 담당해 줄 인테리어 업체 친구를 알게 되었고, 여러 가지로 바쁘고 분주한 나날을 보냈다.

그러던 어느 날, 인테리어를 담당하는 김도균이라는 친구가 한 가지 제안을 했다.

"아직 확실한 투자자를 잡지 못하고 있는 상황이니, 나랑 같이 해 보면 어때요? 압구정 로데오 거리에 30평 정도 되는 매장이 있는데 원래는 우동집을 할 계획이었어요. 그거 반 잘라서 우동집 15평, 할리스 커피 15평 이렇게 하면 좋을 것 같은데. 거기서 프랜차이즈를 시작해 보죠. 나중에 사업이 커지면 법인을 만들어서 5:5로 동업해도 될 것 같고. 나도 커피 사업에 관심이 있으니, 사무실은 내 사무실을 같이 쓰면서 같이 사업을 했으면 좋겠어요. 어때요?"

아직은 가시화되는 구체적인 투자가 없었기 때문에 나는 김도균의 제안을 받아들였다. 그리고 압구정 로데오 거리 우동 매장 옆에 15평 규모의 할리스 커피 매장을 오픈했다. 이때도 매장 임대료와 운영비를 빼면 개인적으로 가져갈 수 있는 돈이 거의 없었다. 계속해서 배고픈 시절이 이어졌다.

돈은 없었고 프랜차이즈를 모집하기 위해서는 홍보가 필요했기에 예전에 신세계에서 했던 것처럼 돈 대신 몸으로 부딪쳤다. 나는 신문사에서 일하고 있는 친구들을 찾아가 할리스 커피를 기사로 써 달라고 부탁했다. 한번은 일면식도 없는 매일경제신문 기자를 무작정 찾아갔다.

"저는 커피 사업을 하고 있습니다. 프랜차이즈를 모집하기 위해서는 저희 브랜드를 알려야 하는데 자금이 넉넉하지 못해서 기사를 부탁드리려고 찾아왔습니다. 기사를 좀 써 주십시오."

잡상인 취급을 하면 그것도 감수하겠다는 각오로 찾아갔는데 내 진심이 통했는지 기자의 반응이 의외였다.

"젊은 분이 대단합니다. 면식도 없는데 이렇게 찾아와서 기사를 써 달라고 부탁하는 사람은 한 명도 없었어요. 이 정도의 열정이라면 뭘 해도 성공하실 겁니다. 제가 써 드리죠."

나는 너무 감사해서 눈물이 날 지경이었다. 신문에 광고를 내기에는 비용 부담이 너무 커서 어쩔 수 없이 맨땅에 헤딩이라도 하겠다는 각오로 찾아간 것인데, 이렇게 선뜻 기사를 써 주겠다는 승낙을 받을 줄은 미처 몰랐던 것이다. 진심과 열정이 사람을 감동시킬 수도 있다는 사실을 이때 처음으로 알게 되었다. 그 기자는 약속한 대로 정성 어린 기사를 써 주었고, 이 기사가 가맹점을 모집하는 데 큰 도움이 된 것은 두말할 것도 없다.

그러던 어느 날, 우동 매장을 함께 운영하던 정웅이라는 후배가 술 한잔을 하자고 했다. 나는 정웅이와 술을 마시며 이런저런 이야기를 나누었다.

"형, 우동집 같이 하고 있지만, 나도 불만도 있고 해서 형하고 함께 독립해서 커피 사업을 해 보고 싶어요. 우리 그냥 독립해서 본격적으로 커피 사업을 해 보면 어떨까요?"

사실 나도 별다른 대안이 없어 우동집과 나눠서 카페를 하고 있었지만, 여러 가지 불만이 쌓이고 이것은 내가 가야 할 길이 아니라는 생각이 커져가고 있던 시점이어서 정웅이의 제안에 대해 심각하게 고민하기 시작했다. 그런데 독립할 자금이 없었다. 며칠을 고민하던 차에 우연히 예전 스타벅스 추진팀에서 함께 일하던 동료를 만나게 되었는데 그 동료가 귀가 번쩍 뜨이는 정보를 하나 알려주었다. 이 정보는 표류하고 있던 할리스 커피의 앞날에 결정적인 역할을 했다.

닻을 올린 할리스 커피는 이리저리 흔들리며 조금씩 앞으로 나아가고 있었다.

구^(求)하면 통^(通)한다

"내가 아는 선배가 신용보증기금이란 곳에서 대출을 받아서 사업을 시작했어. 거기에 사업제안서를 제출하면 저리로 대출을 해 줘. 사업제안서를 한번 내 봐."

나는 사막에서 오아시스를 만난 기분이었다. 사무실 얻는 비용과 운영비를 고심하고 있던 차에 하늘이 나를 도와주는 것만 같았다. 나는 집으로 돌아가서 예전에 쓴 사업계획서에 내용을 좀 더 첨부해 새롭게 사업계획서를 작성했다. 그리고 며칠 뒤 신용보증기금에 할리스 커피 사업계획서를 제출했다.

다행히 사업계획이 통과되어 2,000만 원을 대출받을 수 있었다. 이 돈으로 나는 사무실을 얻고 정웅이와 함께 새롭게 할리스 커피 사업을 시작했다. 또한 압구정 로데오점에서 아르바이트로 일하던 친구도 영입했다. 그리고 이 무렵 매일경제 기사 덕분에 가맹점 몇 곳이 얘기되고 있었는데, 사무실을 여는 것과 동시에 군산점과 양재점의 계약이 성사되었다. 힘겹고 어려운 시절이었지만, 차츰 본궤도를 향해 달리는 사업을 보며 나는 스스로를 다독였다. 가맹점이 조금씩 모이면서 독립적으로 사무실을 운영할 정도의 자금도 들어오기 시작했다.

그렇게 1년이 흘렀을 때 우리는 압구정 본점을 열기로 결정했다. 지금의 압구정 CGV 바로 옆 건물에 50평짜리 매장이 하나 있었는데, 당시에 경기가 매우 좋지 않아 3년 정도 비어 있던 상황이었다. 보증금과 월세가 비쌌기 때문이었다. 하지만 위치도 좋고, 3년 동안 비어 있었기 때문에 우리에게는 이보다 더 좋은 곳이 없었다. 이곳에 매장을 열자고 셋이서 얘기를 한 뒤 정웅이는 곧바로 그곳의 주인을 찾아가 협상을 했다.

"저희는 아직 초반이라 자금이 넉넉지 못합니다. 그렇지만 저희 사장님은 스타벅스 본사에 가서 교육도 받으시고 신세계에서 직접 스타벅스를 진행하셨던 분입니다. 저희는 그 노하우를 그대로 살려 할리스 커피 사업을 하고 있어요. 여기 월세는 그대로 드릴 테니, 보증금을 싸게 해 주세요. 대신 매출액의 30%를 수수료로 드리겠습니다. 요즘 스타벅스 때문에 커피 전문점들이 뜨고 있는 거 아시죠? 저희는 그보다 앞서 시작한 브랜드이니 만큼 매출은 걱정 안 하셔도 됩니다. 스타벅스는 직영 매장으로 운영되고 있어서 확산되는 데 시간이 걸릴 거예요. 그러니 저희가 승산이 큽니다. 장사가 잘되면 그만큼 수수료도 많이 받으실 수 있는 거잖아요. 보증금을 싸게 해 주시고 대신 수수료를 받으시는 게 낫죠. 저희가 잘 되면 이곳의 임대료도 올라갈 테니 좋지 않을까요? 어떠세요, 사장님."

애기를 들은 주인은 곰곰이 생각하더니 며칠 후에 답을 주겠다고 했다. 우리 셋은 승낙이 떨어지기만을 고대하고 있었다.

며칠 뒤, 주인에게서 전화가 걸려왔다.

"생각을 해 봤는데, 오랫동안 비어 있기도 했고, 좀 알아보니 그 카페가 괜찮다고 하더군. 그렇게 하도록 하지."

전화를 끊고 우리 셋은 환호성을 질렀다. 드디어 압구정에 그럴듯한 할리스 커피 본점이 생기게 되었기 때문이다. 그런데 보증금을 비롯한 인테리어 비용과 기계 장비 및 초기 운영비가 필요했다. 이때 협력사로서 할리스 커피의 매장 자리를 소개해 주시는 분이 앞으로 우리의 가능성을 보고 5천만 원을 투자하겠다고 약속했다. 이렇게 해서 보증금은 해결이 되었지만 자금은 아직도 많이 부족했다. 그러나 나는 분명 모든 것이 잘 풀릴 것이라 확신하고 정웅이에게 한마디만 했다.

"무조건 진행해. 나머지 자금은 내가 알아서 끌어올 테니까."

이렇게 말을 던져 놓고, 나는 투자를 받을 수 있는 사람들의 명단을 머릿속에서 꼽기 시작했다. 그때 미국 스타벅스 매장에 가서 교육을 받을 때 함께 매장에서 일하던 동기가 떠올랐다. 누구보다 커피 시장의 가능성을 잘 알기 때문에 긴 설명이 필요 없을 거라고 판단했다.

"지금 압구정 본점이 확정되었는데 자금이 조금 달려. 너는 나하고 3개월 같이 생활도 해 보고 여태까지 나를 봐 왔으니 내가 사기치는 사람은 아니라는 것을 잘 알 거야. 너도 커피 시장의 가능성을 아니까 내가 구구절절 설명하지 않아도 할리스 커피가 앞으로 전망이 밝다는 걸 잘 알 거라 생각한다. 5천만 원만 투자해라. 안 되면 내 신용을 걸고 책임질게."

만약 그때까지 쌓은 신뢰가 없었다면, 그 친구는 내 제안에 한마디로 거절했을 것이다. 그러나 나는 내가 손해를 보더라도 사람을 잃는 행동을 절대로 하지 않았기 때문에 동기들로부터 깊은 신뢰를 얻고 있었다. 내가 동기에게 이렇게 부탁할 수 있었던 것도 그러한 나의 역사가 나에게 힘을 실어줄 것이라는 일종의 자신감이 발동했기 때문이다. 동기는 알았다고 하면서 내일 다시 연락을 하겠다고 답했다.

다음 날 동기로부터 연락이 왔다.

"내가 널 모르는 것도 아니고, 네가 된다고 하면 되는 거 나도 알지. 나는 돈이 없어서 처갓집에서 5천만 원을 빌렸어. 잘 해서 크게 불려줘라."

동기의 믿음에 나는 정말로 잘 해야겠다는 결심을 했다.

'최선을 다해서 여기까지 왔지만, 나를 믿는 사람들을 위해서 더 열심히 뛰겠어.'

그러나 압구정 매장을 열기에는 아직도 5천만 원 정도가 모자라는 상황이었다. 나는 다시 투자자 후보를 꼽기 시작했다. 그때 분당 로마주유소의 사장님이 떠올랐다. 당시 할리스 커피는 분당의 로마주유소에 부스 형태로 입점해 있었다. 사장님도 자수성가한 분이셔서 젊은 우리가 열심히 하는 모습을 대견해 하시면서 많은 말씀을 들려주시곤 했었다.

"젊은 사람들이 열심히 하는 모습 보니까 너무 보기 좋아. 나 젊을 때도 생각나고 말이야. 나는 한 손에 약병 들고 한 손에 돈 가방 들고 정말 신발 밑창이 떨어져 나갈 정도로 뛰어다녔다고. 그래서 이렇게 주유소도 두 개 갖게 된 거지. 그러니까 무조건 열심히 해. 그러면 꼭 성공할 거야. 힘들어도 과정이려니 생각하고 말이야."

힘들 때 사장님의 말씀을 생각하면 힘이 났다. 사장님을 보면서 '열심히 하면 나도 저렇게 성공할 수 있겠지'라는 희망을 품기도 했다. 그래서 찾아가 진심으로 투자를 부탁해 보면 내 부탁을 들어주시지 않을까 기대했던 것이다. 마침 구정이 다가오고 있어서 구정이 끝나자마자 사장님을 찾아가 말씀을 드릴 예정이었다. 그런데 구정에 집에 내려갔다가 뜻밖의 지원을 받게 되었다.

"요즘 뭐 하고 있니?"

오랜만에 만난 아버지가 근황을 물으셨다.

"저번에 말씀드렸잖아요. 커피 사업 하고 있어요."

"잘 되니? 내가 항상 말하지만 매사 손해 본다고 생각하고 해라. 이익을 챙기려고 들면 사람들이 금방 알아차리고 네가 오히려 손해를 보게 되는 거야. 그래서 결과적으로 더 손해야."

"알아요. 그런데 아버지, 요즘 자금이 달려서 투자자들 알아보고 있어요."

"얼마나 필요한 거냐? 내가 계를 하나 하고 있는데, 거기서 이자 없이 대출도 해 줘. 내가 대출 알아봐 줄까?"

운이 좋은 건지, 지성이면 감천인 것인지, 사업을 시작하고 나서 아버지의 지원을 한 푼도 받은 적이 없었는데 이자 없는 대출을 해 주시겠다고 하셨다. 그것도 가장 필요한 순간에 말이다. 나는 아버지에게 가급적이면 빨리 대출을 받게 해 달라고 부탁을 드렸고, 곧 3천만 원을 대출 받을 수 있었다. 명목은 대출이었지만, 사실 나는 그 돈을 돌려준 적이 없다. 결국 이것은 유일하게 아버지가 내게 주신 사업자금이 되었다.

하지만 매장을 오픈하는 데 필요한 금액에서 아직 2천만 원이 모자랐다. 이번에는 인테리어 업체와 거래를 했다. 인테리어 업체 사장은 신세계 인테리어 팀에 있다가 그만두고 나와 사업을 하는 선배여서 잘 아는 사이였다.

"1억1천만 원은 돈이 도저히 안 되니까, 7천만 원에 하죠. 지금 가맹점이 계속 늘어나고 있으니 할리스 커피 인테리어를 전담으로 맡아 주세요. 본점을 그럴싸하게 만들어 놓으면 우리를 모델로 다른 곳에 영업하기도 좋고, 또 저절로 의뢰도 들어올 수 있으니 좋잖아요. 그러니 7천에 합시다."

다행히 인테리어 업체 사장은 나의 제안을 받아들여 공사를 해 주기로 합의했다.

이렇게 해서 압구정 본점을 오픈할 수 있는 자금이 모두 모아졌다. 지금까지의 고생과 노력이 이제 서서히 결실의 형태를 갖추기 시작한 것이다.

할리스 성공의 중심,
압구정 본점

"저는 3월 23일에 꼭 오픈해야 합니다. 정 그러시면 일단 그날 오픈하고 다음 날부터 문 닫을게요."

본점의 오픈이 계속 지연되자 궁여지책으로 내가 건물 주인에게 한 말이었다.

압구정 본점을 오픈하기 위한 자금은 다 모였지만, 한 가지 문제가 발생했다. 정웅이가 건물 주인과 보증금을 싸게 하고 대신 판매 수수료를 주는 것으로 협상을 한 뒤 우리는 보증금으로 5천만 원을 주인에게 건네주었다. 그런데 주인은 보증금을 받으면서 바로 계약을 하지 않았다.

"현금 보관증은 지금 써 줄 테니까 임대차 계약서는 나중에 쓰도록 하지."

우리는 내키지는 않았지만, 계약을 하고 싶은 마음에 그렇게 하자고 승낙했다. 그런데 주인이 계속 계약서 쓰는 것을 미루었다.

"계약서는 써 줄 테니까 걱정 말아. 지금 건물에 소송이 붙어서 해결 중이라 그래. 그리고 소송 때문에 그러는데 오픈도 좀 미뤘으면 좋겠어."

처음에는 주인의 말을 믿고 기다렸지만, 주인은 계속해서 미루기만 했다. 시간이 흐르면서 나는 주인이 딴 생각을 하는 것이 아닌가 의심이 들기 시작했다. 마케팅을 고려해 학교의 개강 날짜가 조금 지난 3월 23일경을 오픈 일로 잡고 있었는데 계약이며 오픈 날짜를 미루자고 하니 초조해지기 시작했다.

예전 스타벅스 론칭 날짜가 무기한으로 연기되었을 때가 떠올랐다. 내 인생에서 기다림은 소중한 시간을 좀 먹는 존재일 뿐이다. 강태공은 낚시를 하며 세월을 낚았다고 하지만, 추진력 하나로 여기까지 달려온 나로서는 기다림은 곧 퇴보를 의미하는 것이었다. 성공의 문이 저 앞에 희미하게 보이는 상황에서 나는 조금도 지체할 수 없었다. 나는 당장 주인을 찾아갔다.

"저는 23일에 꼭 오픈해야 합니다. 이미 신문광고도 나갔고 거래처에도 다 그렇게 얘기해 놨기 때문에 그날 오픈 안 하면 저는 망해요. 그럼 그날 하루 열고 다음 날부터 닫겠습니다. 그렇게 하면 되겠죠?"

이렇게 말하지 않으면 주인은 또 딴소리를 할 것만 같아 나는 거짓말을 둘러댔다.

"광고까지 나갔다고 하니 할 수 없군. 그렇게 하지."

주인은 어쩔 수 없다는 표정으로 마지못해 승낙을 했다.

승낙을 받기는 했지만, 사실 암담하기는 마찬가지였다. 50평 규모
의 매장을 열기까지의 시간은 겨우 열흘 남아 있었기 때문이다. 그
러나 '열 수 있을까?'라는 의구심을 가질 시간적 여유도 없었다. 나
는 그날 당장 인테리어 업체 사장을 찾아갔다.

"23일에 오픈하기로 했어요. 열흘 동안 완성해 주세요."

인테리어 업체 사장은 황당하다는 듯 나를 쳐다보며 말했다.

"제정신이야? 50평짜리 인테리어를 어떻게 열흘 만에 해? 못 하는
거 뻔히 알지?"

"선배도 신세계에서 일해 봐서 알잖아요. 세일이나 이벤트 날짜
잡히면 어떻게 해서라도 그날에 맞추잖아요. 한두 번 해 본 것도 아
니면서…… 작업 시간을 24시간 돌리면 20일 동안 하는 거나 마찬
가지잖아요. 좀 부탁드려요. 저 그때 못 맞추면 큰일 나요."

나는 협박 반 부탁 반으로 밀어붙였다.

"그래……, 그럼 한 번 해 보자고."

인테리어 업체 사장은 고민스런 표정으로 대답했다.

나는 사실 벼랑 끝에 서 있었다. 여기저기서 투자를 받고 빌려서
마련한 자금인데 만약 조금이라도 잘못 되면 내 신용은 철저히 무너
지고, 심지어 사업에 큰 타격을 받을 수도 있었다. 그리고 사업을 키

우기 위해서는 반드시 압구정 본점을 오픈해야 하는 상황이었다. 그래서 애써 자금을 모았는데, 건물 주인의 이해할 수 없는 행동 때문에 위기에 처한 것이다. 그리고 승낙을 받았을 때는 턱없이 부족한 시간 때문에 다시 한 번 브레이크가 걸렸다. 정말 첩첩산중이었다. 그러나 어떻게 해서든지 정면돌파를 하기로 마음먹고 나는 정신을 다잡고 마치 오케스트라의 지휘자처럼 각 파트를 지휘했다. 그리고 한편으로는 마케팅에 총력을 기울였다. 우선 각 대학의 홈페이지로 들어가 학생인 것처럼 위장해 가입한 다음 게시판에 카페 오픈 내용을 쭉 써 놓았다. 그리고 아르바이트를 모집해 쿠폰이 담긴 홍보 전단지를 서울 전역에 뿌렸다.

열흘 뒤 주말에 우리는 약속한 대로 할리스 커피 압구정 본점을 오픈했다. 열흘 만에 드디어 해낸 것이다. 간판도 오픈 당일 새벽에 달 정도로 시간적 여유가 없었지만, 결과적으로 사고 없이 카페를 완성했다.

결과는 한마디로 대박이었다. 오픈한 시각부터 문을 닫을 때까지 사람들이 끊임없이 밀려들었고, 자리는 내내 만 원이었다. 개강 후 주말이라는 시점이 주효했던 듯싶다. 주인은 열흘 만에 오픈한 것도 놀랍지만 사람이 많은 것을 보고 더 놀란 듯했다. 그리고 수시로 내려와 구경을 하곤 했다.

주말이 끝나고 주인이 찾아왔다.

"대단해. 내가 건설을 30년 했지만 정말 처음 봤어. 전날도 간판이 안 걸려 있기에 오픈 못 하는가 보다 했는데, 떡하니 오픈을 하더라고. 누가 열흘 만에 오픈을 하겠어. 놀랐다니까, 정말. 그리고 장사가 이렇게 잘 되니 계속해야지, 닫지 말고 그냥 계속 하라고."

나는 빨리 오픈하기 위해 '하루 열고 닫겠다'라고 거짓을 둘러댄 것인데, 오히려 주인측에서 계속 운영을 하라고 부추겼다. 그런데 그 뒤로도 계약서를 써 주지 않고 계속 미루기만 했다. 그러면서 우리 매장에 욕심을 냈다.

"강 사장, 매장 나한테 넘기면 어때? 가격 잘 쳐 줄게."

"그건 안 됩니다. 본점이기 때문에 저희가 운영을 해야 해요. 프랜차이즈도 모집할 거구요."

나는 일언지하에 거절했다.

건물 주인은 계속 매장을 넘기라고 조르면서 임대차 계약서를 써 주지 않았다. 그러나 나도 단호하게 거절하면서 물러서지 않았다. 결국 카페를 오픈한 뒤 한 달 뒤에야 계약서를 쓰게 되었다.

만약 계획한 날짜에 오픈하겠다고 밀어붙이지 않았다면 최악의 경우 보증금만 날렸을지도 모르겠다. 그런데 열흘 만에 매장을 오픈하는 우리들을 보고 아마도 주인은 우리가 젊어도 만만한 사람들이 아니라는 생각을 하게 된 듯싶다. 계약서를 쓰지 않은 상황이어서 법대로 하면 우리가 불리했지만, 막무가내로 밀어붙이는 우리들을 상대했다가는 골치 아프겠다는 생각을 하고 마침내는 계약서를 써 준 것이다.

나는 사업을 하면서 좋은 사람들의 도움을 참으로 많이 받았다. 거의 무일푼으로 시작해 성공할 수 있었던 원인도 그 사람들 덕분임은 의심의 여지가 없다. 자금이 필요할 때는 지인들이 신용 하나로 투자해 주었고, 기사를 부탁했을 때 사심 없이 기사를 써 준 그 기자 덕분에 가맹점을 모을 수 있었다. 그 이후에도 아르바이트생에서부터 사업으로 알게 된 인맥들까지 많은 사람들이 정말 큰 도움을 주었다. 그래서 나는 돈의 힘보다 사람의 힘이 사업 성공의 관건이라는 사실을 누구보다 잘 알고 있다.

그러나 사업을 하다 보면 좋지 않은 사람들도 정말 많이 만나게 되고 때로는 이용을 당하기도 한다. 사업을 하다 망하는 이유의 대부분이 사기를 당하거나 이용당해서 손해를 보고 그것을 만회하지 못하기 때문이다. 사람 때문에 사업이 성공하기도 하지만, 가장 조심해야 할 것 중 하나도 바로 사람이다. 그래서 자신이 언제나 중심을 잃지 않고 지혜롭게 사람들을 대하는 것이 중요하다. 좋은 사람들도 많지만, 나쁜 사람들은 더 많기 때문이다. 이때도 우리의 열정과 자신감을 보여주지 않았다면, 그리고 어려움에 부딪혀도 뚫고 나가는 배짱을 부리지 않았다면 할리스 커피의 미래, 나아가 지금의 카페베네는 없었을지도 모르겠다.

그런데 '산 넘어 산'이라고, 한 가지 일이 해결되고 잘되는가 싶더니 또 생각지 못한 일이 생겼다.

"운영의 노하우나 로고가 모두 비슷하니 시정을 바랍니다. 만약 시정되지 않을 경우 법적 대응도 불사할 것임을 알려드립니다."

스타벅스 미국 본사에서 우리나라 대형 법률사무소를 통해 보낸 고소장의 일부 내용이다. 나는, 즉 할리스 커피는 스타벅스를 그대로 베꼈다는 이유로 고소를 당했다.

압구정 본점을 오픈한 이후, 프랜차이즈 문의가 여러 곳에서 들어오면서 할리스 커피 매장이 빠르게 늘어나고 있었다. 당시 할리스 커피의 로고는 녹색이었고, 운영에 있어서도 스타벅스를 상당히 많이 닮아 있었다. 그러나 고소장까지 받으니 암담하다기보다 화가 났다. 나는 대형 법률사무소에 맞서 태평양법무법인을 대리로 내세웠다. 내 주장은 이랬다.

'솔직히 스타벅스의 커피도 스타벅스에서 자체적으로 개발한 것이 아니라 이탈리아에 가서 하워드 슐츠 회장이 보고 배워서 따라한 것 아닙니까? 그 노하우란 것이 이탈리아에 가면 흔하게 볼 수 있는 것인데 내게 하지 말라고 하는 것은 할리스 커피가 아니라 한국을 무시하는 처사라고 생각합니다. 커피 사업이 미국의 전매특허 사업도 아니고 전 세계에 다 있는 것인데 우리에게 하지 말라고 하는 것은 한국을 무시하는 것이나 마찬가지입니다. 저는 당신들의 경고를 수

용할 수 없으며 상당히 불쾌하게 생각합니다.'

나는 내 사업을 떠나서 스타벅스의 처사에 대해 몹시 화가 났다. 스타벅스도 이탈리아의 노하우와 방식을 그대로 도입한 것이 아닌가. 더욱이 나는 그 현장에 가서 직접 보고 배웠기 때문에 누구보다 이 사실을 잘 알고 있었다.

내가 할리스 커피를 처음 시작할 때부터 스타벅스는 우리의 존재를 알고 있었다. 하지만 '제대로 하기나 하겠어? 조금 하다가 스스로 없어지겠지'라고 생각하고 내버려 두고 있었던 것이다. 그런데 본격적으로 매장이 늘어나기 시작하자 더 이상 보고 있을 수 없어 고소장을 보내기에 이른 것이다. 내가 할리스 커피를 시작하게 된 취지는 '토종 커피 브랜드'를 만들어 스타벅스 다음가는 브랜드로 키워 보겠다는 것이었기 때문에 조금도 굽히지 않고 당당하게 맞섰다. 더구나 내 주장은 조금도 틀린 말이 아니었다. 스타벅스는 내가 답신을 보내자 더 이상 대응하지 않았다.

스타벅스와 나는 떼려야 뗄 수 없는 인연이다. 나는 스타벅스를 한국에 론칭하는 스타벅스 추진팀에서 일했고, 이때 커피 사업에 눈을 떠서 할리스 커피를 만들었다. 할리스 커피는 결국 스타벅스 다음으로 매장이 많은 커피 브랜드가 되었다. 그 후 나는 다시 카페베네에 몸을 담았고, 이제 카페베네의 매장 수는 스타벅스 매장 수를 앞질렀다. 내 목표는 한국 커피 시장을 외국 브랜드가 아닌 토종 브랜드가 차지하게 하는 것이다. 나아가 커피라는 글로벌 아이템으로 토종 브랜드를 세계화하는 것이다. 그러므로 스타벅스와 나의 대결은 숙명이 아닐 수 없다. 스타벅스가 할리스 커피에 고소장을 보낸 것은 앞으로 우리가 치를 대결의 전초전이나 다름없었다.

이때도 배짱을 부린 것이 결과적으로는 도움이 됐다. 만약 내가 스타벅스의 경고에 조금이라도 두려움을 보였다면 그들은 돈과 권력을 휘두르며 내게 덤벼들었을지도 모르겠다. 그러나 오히려 내가 한국을 무시하는 거냐고 대들자 그들은 잠잠해진 것이다.

그러나 나는 이 사건으로 할리스 커피의 많은 것을 새롭게 정비하기 시작했다. 매장 수가 늘어나면서 할리스 커피의 도약을 위한 새로운 전략들이 필요하다고 생각했다. 그리고 이제는 스타벅스의 짝퉁이 아닌 할리스 커피만의 색깔이 필요했다. 이전보다 더 강력해지기 위해 그리고 영원한 생명을 얻기 위해서 불사의 약을 찾아 다시 항해를 시작해야 했던 것이다.

차별화된 전략으로
성공적인 브랜드가 되다

어렵사리 오픈한 압구정 본점이었지만, 매장은 여러 가지 면에서 성공을 거두었고, 할리스 커피가 확장해 가는 데 있어 중추적인 역할을 했다. 또한 안정적으로 자금이 돌아가면서 할리스 커피를 새롭게 정비할 여유를 얻었다.

나는 우선 할리스 커피의 로고 색상을 바꾸었다. 스타벅스가 소송을 걸어왔기 때문이 아니라 마케팅 관점에서 스타벅스와 경쟁사로 보이기 위해서는 로고를 빨간색으로 바꿀 필요가 있었기 때문이다. 처음 할리스 커피를 시작했을 때는 브랜드 인지도가 전혀 없었기 때문에 스타벅스와 혼동을 줄 목적으로 녹색으로 로고를 만들었다. 그러나 본점이 생기고 매장이 늘어나면서 이제는 경쟁사의 느낌을 주기 위해 초록색의 보색을 쓸 필요성이 있었다.

브랜드 이미지를 정비한 뒤 매장 위치 선정에도 원칙을 세웠다.

당시 스타벅스가 유행하기 시작하자 다른 외국의 브랜드들도 한국 시장에 들어오기 시작했다. 그런데 그 브랜드들은 오래가지 못하고 망하고 말았다. 그 이유는 점포 개발에 허점이 있었기 때문이다. 예를 들면, 명동에 100평짜리 매장 한 개, 강남에 200평짜리 매장 한 개, 대구에 제일 큰 매장, 이런 식으로 매장의 규모만 크게 해서 지역을 멀찍이 떨어뜨려 오픈한 것이다. 그런데 스타벅스의 경우 이해할 수 없을 정도로 같은 지역에 여러 개를 오픈하는 방식을 취한다. 소비자들이 보면 이해가 가지 않겠지만, 여기에는 마케팅의 엄청난 법칙이 숨어 있다.

점포 개발의 원칙 중 점선면의 법칙이 있다. 매장 수가 적을 때는 우선 점에서 선으로 가야 한다. 그리고 다음으로 면을 만들어야 한다. 매장을 개발함에 있어서 점을 만들고 또 점을 만드는 방식으로 매장을 배치하면 안 된다는 말이다. 예를 들면, 한 지역 안에 매장이 세 개 있는 것과 한 지역에 한 개씩 해서 세 개 있는 것과는 효율성 면에서 차이가 난다. 한 지역에 세 개 있을 때가 집중도가 높기 때문에 사람들 눈에 더 잘 띄게 되고 브랜드를 알리기가 더욱 쉽다. 운영 면에서도 매장이 모여 있으면 재료 공급이나 관리적인 측면에서 비용을 절감할 수 있는 장점이 있다. 당시 커피 브랜드가 100개 정도 난립하고 있었는데, 이러한 기본 법칙을 지키지 않은 브랜드는 살아

남지 못하고 지금은 자취를 감추었다.

할리스 커피는 압구정 본점을 오픈한 이래 강남 지역에 집중적으로 오픈하면서 지역을 넓혀 가는 전략을 취해 점선면의 법칙을 충실히 지켜 나갔다.

다음으로 우리는 자본이 넉넉한 편이 아니었기 때문에 매장 개발에 최대한 게릴라 전략을 폈다. 본점의 경우에도 협상을 통해 보증금을 줄이고 대신 매출의 일부를 수수료로 주는 방식으로 좋은 위치에 대형 매장을 선보일 수 있었다. 강남에 200평 규모의 매장을 열 때도 마찬가지였다. 원래 이런 대규모 매장의 경우 건물주는 법인이 아니면 임대를 주지 않는다. 그래서 우리는 법인 명의로 가맹할 사람을 찾아 우리 이름을 빌려 주고 위탁의 형태로 운영을 했다. 1호점을 열 때 우리가 인테리어와 기계 장비를 담당하고 수익을 반반으로 나누는 형태였던 것도 일종의 변칙이자 게릴라 마케팅이라 할 수 있다.

코엑스에 매장 네 곳을 넣을 때도 윈윈 전략을 활용했다. 당시에 할리스 커피의 인지도로 코엑스에 입점하기는 사실상 불가능했다. 그래서 우리는 최대한 머리를 썼다. 당시 코엑스의 메인 자리에 '리틀레이디'라는 피자집이 있었다. 우리는 회장을 찾아갔다.

"매장의 15평을 잘라서 주시면 저희가 15평 월세의 두 배를 드리겠습니다. 그리고 보증금도 드리겠습니다. 또 필요하시다면 수수료도 드리겠습니다."

이 정도의 제안이라면 상대도 손해 보는 장사가 아니기 때문에 승낙할 수밖에 없다. 그렇게 해서 결국 승낙을 얻어 냈다.

그러나 우리는 법인이 아니기 때문에 법인 사업자가 필요했다. 그래서 법인 가맹점을 모집해 우리 대신 가맹점을 넣어 주는 것이다.

"유동인구가 많아야 장사도 잘되는 거니까 코엑스 정도는 들어가야죠. 그런데 2억 정도의 자금으로 코엑스에 어떻게 들어가겠어요. 우리가 코엑스 매장 쪽에 얘기를 해 놨으니 전전세 매장으로 들어가시면 됩니다. 이 방법이 적은 자본으로 크게 장사하실 수 있는 방법입니다."

우리 말이 틀린 이야기가 아니기 때문에 가맹주도 동의를 하고 계약은 성사되었다.

또 한 매장은 아이스크림과 커피를 파는 매장이었는데 찾아가서 설득을 했다.

"저희가 인테리어를 바꿔 드리겠습니다. 여기에 할리스 커피점을 하시면 어떨까요? 그래도 브랜드 커피점을 하시는 게 낫죠. 2년 정도 지나면 완전히 자리가 잡힐 테니까 그때는 매장을 마음대로 하세요. 대신 그 전까지는 매출의 반을 저희에게 주시는 것으로 하고요."

이 매장은 할리스 커피 매장으로 바뀐 뒤 매출이 두 배로 올랐기 때문에 수익에서도 손해를 보지 않았다.

이런 방식으로 우리는 코엑스에 4개의 매장을 열 수 있었다.

우리는 자본이나 인력이 충분하지 못했기 때문에 게릴라 마케팅 전략을 취하지 않을 수 없었다. 사실 나는 신세계에서 마케팅을 할 때도, 독립하여 할리스 커피 사업을 할 때도 언제나 적은 비용으로 큰 효과를 낼 수 있는 방법들을 고안하고 실행했다. 내게 주어진 자원을 최대한 활용해야 했기 때문이다. 그리고 나아가 내가 가진 것과 남이 가진 것, 그리고 제 삼자들 각자가 가지고 있는 것을 서로 매치하고 보충하는 방식으로 자본과 인력의 한계를 극복해 나갔다. 그리고 이러한 방법이 겉에서 보기에는 불가능한 일을 가능하게 만들고, 적은 돈을 들여 큰 효과를 내면서 할리스 커피가 성장하는 원동력이 되었다.

매장이 많아질수록
고급화 전략으로

"저, 할리스 커피 매장을 좀 하고 싶은데요, 자금은 1억5천 정도 있고요. 한 10평 규모로 하려고 하는데……."

"2억 정도 갖고 있고요, 15평 규모로 생각하고 있어요. 가능한가요?"

매장이 열 개 이상으로 늘어나자 가맹점 문의가 줄을 잇기 시작했다. 욕심 같아서는 문의가 오는 대로 모두 가맹점으로 받아서 할리스 커피 왕국을 만들면 어떨까라는 생각도 들었다. 그러나 나는 열 개 이상부터는 이러한 문의에 "저희 조건과는 맞지 않네요, 죄송합니다"라고 거절했다. 나름의 원칙을 세웠기 때문이다.

'10개 이상부터는 소형 매장을 열지 않겠어. 최하 30평 이하는 안

돼. 그것이 할리스 커피가 백 년을 이어가는 기업으로 발전할 수 있는 길이야.'

세계적으로 유명한 기업들을 보면 오랫동안 사업을 일구고 전통을 자랑하는 기업들이 많다. 그러나 갈수록 기업들의 수명은 짧아지고 백 년 넘게 장수한 세계적인 기업도 하루아침에 무너지는 경우를 보게 된다. 그만큼 환경은 급변하고 있으며 실제로 세상은 너무나 빠르게 돌아가고 있다. 기업들은 소비자의 변화무쌍한 취향과 갈수록 세분화되는 기호들을 감당하기가 벅차고 힘겹다.

음식 사업과 커피 사업은 기술을 요하는 전문 분야도 아니기 때문에 그런 현상이 더 일반적으로 일어나는 업종이라 할 수 있다. 많은 사람들이 조개구이점을 기억할 것이다. 2미터 건너 하나 있을 정도로 생겨났다가 어느 날 모두 자취를 감추고 말았다. 이제는 조개를 먹으려면 찾아다녀야 하는 형편이다. 커피도 마찬가지다. 무소불위로만 보였던 커피 업계의 공룡들도 고객들을 상당히 잃어가고 있는 것이 사실이다. 그리고 길가에 흔히 보이던 커피 브랜드들이 새로운 커피 브랜드의 간판으로 대체되고 있는 것이 현실이다.

10여 년 전만 해도 커피 시장은 100여 개의 커피 브랜드가 난립하고 있었다. 할리스 커피도 처음 시작할 때는 10~15평 규모로 시작했다. 그때 할리스 커피는 로즈버드, 이디아 커피 등과 동급으로 인식되었다. 그러나 나는 매장이 10개 이상으로 늘어난 뒤부터는 30평 이상으로 매장 규모를 한정했다. 30평 이상의 매장이 몇 개 갖추어지고 나서는 100평, 200평짜리 매장을 열었고, 그 뒤로는 50평 이상으로 매장 규모를 한정했다. 이런 식으로 단계적으로 매장 규모의 한계선을 올리면서 이미지를 관리했다. 이렇게 되자 소규모의 커피숍을 원하는 사람들은 우리에게 문의했다가 소형 가맹점을 모집하는 커피 브랜드로 옮겨 갔고 한동안 소형 커피 브랜드의 매장 수가 300개까지 확대되었다.

그럼 10년이 흘러서 결과는 어떠했을까? 할리스 커피의 매장 수는 230여 개가 되었고, 300개 이상의 매장 수를 자랑하던 브랜드의 매장 수는 150여 개로 축소되었다. 더욱이 나는 개인사업자로 시작했고, 그 브랜드는 대기업에서 운영하는 브랜드인데도 말이다.

그것은 눈앞의 이익, 즉 돈을 목표로 두었는가, 아니면 돈을 포기하더라도 백년대계를 세우고 전략에 따라 실행했는가의 차이라고 나는 자신 있게 말할 수 있다. 한마디로 '전략이 있느냐 없느냐'의 차이다.

사업을 함에 있어서 목표와 전략을 어떻게 세우느냐에 따라 장사꾼이 될 수도 있고 사업가가 될 수도 있다. 물론 장사꾼이 지위가 낮다고 하는 말이 결코 아니다. 장사로 성공하는 사람도 많지 않거니와 장사를 잘하는 것도 기술이 필요하기 때문이다. 그러나 나는 사업가가 되고 싶었다. 돈이 목표였다면 할리스 커피를 하고자 하는 모든 사람에게 가맹 권리를 주고 우후죽순으로 할리스 커피 매장을 늘려갔을 것이다. 그러나 내 목표는 언제나 '스타벅스 다음가는 한국의 커피 브랜드를 만들자'였고, 그러기 위해서는 스타벅스만큼은 못 하더라도 그 정도로 고급화를 유지해야 했다.

스타벅스가 들어와 단시간에 엄청난 성공을 거둘 수 있었던 이유를 나는 누구보다 잘 알고 있었다. 스타벅스의 모토는 '고급 커피'였고, 우리나라 스타벅스에서는 당시로서는 호텔이나 고급 음식점에서 맛볼 수 있을 정도의 케이크를 선보였다. 신라호텔에서 직접 공수하는 고급 케이크였다. 당시 우리나라의 커피 품질은 그다지 높은 편이 아니어서 특히 외국에 유학을 갔다 왔거나 외국에 살다온 사람들은 에스프레스를 비롯해 고급 커피를 갈망했고, 일반인들도 점점 높아져 가는 생활수준으로 인해 질적으로 더 좋은 커피를 찾기 시작했다. 그런 분위기가 조성되는 가운데 스타벅스의 출현은 가뭄에 내리는 단비와도 같았다. 사람들은 금세 그 맛에 현혹되었고, 한번 맛을 본 사람들은 다른 커피를 찾지 않았다. 거기에 스타벅스만의 이국적인 분위기와 깔끔한 이미지는 브랜드를 선호하는 우리나라 사람들을 철저히 사로잡았다. 스타벅스 커피를 마신다는 것은 하나의 명품 커피를 마신다는 상징이자 그 자체로 자부심이었다. 거기에 '우리는 커피를 파는 것이 아니라 문화를 판다'는 차별화된 콘셉트는 고급화 이미지를 형성하는 데 일조했다.

사업을 준비하면서 한 강의를 들었었는데, 그 강의 내용이 고급화 전략을 강조하는 내용으로 이후 사업을 하면서 전략을 세우는 데 큰 도움을 주었다. 김창경 창업 소장의 강의였는데, 그분은 만두 장사로

10억을 번 분이었다. 그분의 강의 내용은 다음과 같다.

"음식 시장을 한번 생각해 봅시다. 음식 시장은 피라미드 형태라고 보시면 됩니다. 일단 고급 음식을 맛보거나 거기에 맛을 들인 사람들은 밑으로 내려오지 않아요. 그러나 맨 밑의 사람들은 어떨까요? 그들은 생활이 나아지면 더 이상 싸고 맛없는 음식을 먹지 않습니다. 대신 좀 더 맛있고 고급스런 음식을 찾아 올라가게 되지요. 생활이 나아지면 계속해서 더 비싸고 맛있는 음식을 찾아 올라가고요. 어때요? 제 말이 맞죠?"

청중들은 고개를 끄덕였다. 나 또한 그 말에 동의했다. 우리가 동의하자 김창경 강사는 미소를 지으며 말을 이었다.

"그럼 우리 장기적인 관점으로 이 현상을 살펴볼까요. 대중적인 음식을 할 경우 만약 그 시장에 사람이 다 찰 경우, 거기서 끝나 버리는 거죠. 그 위의 단계에 있는 사람들은 밑으로 내려오지 않으니까요. 그런데 만약 고급 음식점의 경우라면 그 층의 사람들이 모두 먹으면 다음 층의 사람들이 소비자가 되고 계속해서 밑의 단계 사람들이 올라오면서 고객층이 지속적으로 생성되는 겁니다. 그래서 더 길게 갈 수 있는 거죠."

나는 신세계 시절 식품부에서도 일을 한 적이 있기 때문에 강사님의 말이 충분히 이해되었다. 이후 커피 사업을 하면서 나는 철저히 이 이론을 도입했다. 커피 시장도 이 이론에서 크게 벗어나지 않기 때문이다.

소형 평수, 싼 가격의 커피숍은 진입장벽이 상대적으로 높지 않다. 보다 적은 자본으로 시작할 수 있기 때문에 매장 수도 그렇고 커피의 품질도 고급스럽기보다 대중적이다. 그러나 시간이 흐르면서 사람들은 싼 가격의 맛없는 커피보다는 돈을 좀 더 주더라도 고급스런 커피를 찾게 된다. 그렇게 되면 고급화를 지향한 커피 브랜드는 새로 진입하는 고객층이 지속적으로 형성되면서 명맥을 이어나갈 수 있다. 그러나 저렴한 가격의 싼 커피는 점점 외면을 당하게 되고, 고객을 잃으면서 매장도 점차 줄어들 수밖에 없게 된다. 더욱이 우리의 생활수준은 시간이 흐를수록 높아지게 마련이다.

당연한 이론처럼 보이지만, 이것을 실제로 사업에 적용하기란 절대로 쉽지 않다. 혹자는 이것을 모르는 사람도 있을까라는 의문을 품을지도 모르겠다. 그러나 1990년대 후반부터 지금까지의 커피 시장을 주욱 훑어보면 이 전략을 취하지 않아서 없어진 브랜드도 허다하다. 100개의 브랜드 중 지금까지 남아 있는 커피 브랜드는 열 손가락에 꼽을 정도인 것이 현실이다.

나는 매장이 많아지면 많아질수록 고급화를 잃지 않으려고 애썼고, 돈 버는 전략 대신 백 년을 이어갈 사업을 일구는 전략을 세우는 데 힘을 기울였다. 돈이 아니라 할리스 커피가 커지는 것이 나의 최종 목표였기 때문이다.

성장을 위한 선택의 순간

'사랑하기 때문에 헤어진다'라는 말이 있다. 어떤 사람들은 "말도 안 돼. 정말 사랑하면 왜 헤어져. 헤어지려고 그냥 하는 말이지"라고 말하기도 한다. 그런데 나는 그 말을 가슴으로 이해할 수 있다. 내가 할리스 커피를 그렇게 떠나보냈으니까 말이다.

강남 지하상가에서 14평 규모로 시작한 이래 100평, 200평 규모의 매장도 생기고, 매장 수가 40개를 넘어서고 있을 즈음에 할리스 커피 본사로 한 통의 전화가 걸려왔다.

"안녕하세요. 다름이 아니라 규모도 크고 괜찮은 회사가 하나 있는데, 거기 사장님이 할리스 커피에 관심이 많으셔서 사장님을 한 번 뵙고 싶다고 하십니다. 제가 KFC에서 근무할 때 상무님이었던 분입니다. 한번 자리를 마련해서 뵙고 싶습니다."

예전에도 투자나 매각 등 여러 가지 제안이 있었지만 고려조차 하지 않았는데 이때는 거절하고 싶지가 않았다. '한번 만나 보지 뭐'라는 생각이 앞섰다.

사실 나는 이때까지 달리고 달린 탓에 상당히 지쳐 있었다. 직장생활을 오래 한 것도 아니고 고작 신세계에서 5년 일하다 독립해서 매장 하나도 열 수 없는 자금을 들고 시작해 온몸으로 부딪히며 일군 사업이었지만, 갈 길은 멀고 여전히 모든 것이 버거웠다. '나는 할 수 있다'는 믿음 하나로 스스로를 다독이고 불도저처럼 밀어붙이며 앞길을 열어 왔지만, 때때로 도망치고 싶을 때도 있었다. 그리고 월급 받고 일하는 직장인들이 한없이 부러울 때도 있었다. 나도 사람이니 말이다. 대단한 인맥이 있었던 것도 아니고 커피 사업에 경험이 있었던 것도 아니니 어쩌면 여기까지 온 것도 운과 열정이 만들어 낸 기적이었다.

나는 일단 만나서 얘기를 들어 보기로 했다. 전화를 준 프리머스 시네마는 플래너스 엔터테인먼트의 계열사로 극장을 운영하는 회사였다. 나에게 긍정적인 대답을 얻은 프리머스 시네마 사장은 그 후에 다시 플래너스 엔터테인먼트의 박병무 사장님과 전용주 상무와의 자리를 마련했다. 우리는 인터콘티넨탈 호텔에서 만나 인사를 나누고 본격적으로 사업 이야기를 시작했다. 전용주 상무는 먼저 회사 소개를 했다.

"저희는 종합 엔터테인먼트 회사입니다. 플래너스가 홀딩 컴퍼니이고, 씨네마서비스, 넷마블, 싸이더스, 예전미디어, 프리머스 시네마 극장을 계열사로 갖고 있습니다. 저희는 극장도 있고, 영화사업 계열사도 갖고 있는데 이번에 커피 브랜드를 하나 진행했으면 해서 이렇게 뵙자고 했습니다. 극장, 영화, 커피는 서로 매치도 잘 되고 상관관계가 크니까 서로 시너지 효과가 있을 거라고 생각합니다. 우선, 저희가 한 가지 묻고 싶은 게 있는데요. 인수의 방식이 나을까요, 저희가 할리스 커피에 투자를 하고 공동으로 운영하는 게 나을까요?"

나는 사업 경험이 많은 것도 아니었고, 투자를 할 경우 경영 간섭이 분명히 있을 텐데 남의 간섭을 받으며 운영할 수 있는 성격이 아니었기 때문에 선택의 여지도 없었다. 그래서 그 자리에서 간단하게 대답했다.

"저는 플래너스 측에서 상응하는 대가를 주시고 할리스 커피를 인수해 주셨으면 합니다."

"그래도 노력해서 키운 사업체인데 팔려는 생각을 하셨네요?"

박병무 사장님의 날카로운 질문에 나는 솔직하게 대답했다.

"플래너스 엔터테인먼트에서는 극장사업도 하시니 극장마다 할리스 커피가 들어간다면 좋을 거라 생각합니다. 사람들이 영화를 보고 나면 대부분 그 다음 코스로는 커피숍을 찾으니까요. 그리고 극장과 매치되면 자연스럽게 체인점이 늘어날 것이니 가맹점을 모집하는 것 이외에도 자체적으로 매장을 늘릴 수 있어 할리스의 규모를 키우는 데 이상적이죠. 자금 면으로 보나 조직적인 면으로 보나 저보다는 플래너스 엔터테인먼트에서 맡아 주시는 것이 할리스 커피가 빠른 시일 내에 스타벅스 다음가는 브랜드로 크는 데 도움이 될 거라 생각합니다. 그것이 제가 할리스 커피 사업을 시작한 원래 목표이기도 했습니다."

플래너스 엔터테인먼트는 자금이나 규모 면에서 믿을 수 있는 회사였기 때문에 이 정도라면 내 자식 같은 할리스 커피를 그쪽으로 보내도 괜찮을 것 같다는 생각이 들었다.

이후로 플래너스 엔터테인먼트 측과 나는 지속적으로 얘기를 나누며 할리스 커피 인수를 본격적으로 진행하게 되었다. 이때 알게 된 사실이지만, 박병무 사장님은 대단한 분이셨다. 서울대와 하버드대를 수석으로 입학해서 수석으로 졸업하신 분이었다. 변호사로서 명성이 높고, M&A 쪽에서는 국내 일인자로 꼽혔다. 플래너스 엔터테인먼트 그룹도 결국 박병무 사장님의 작품이었다. 지식과 머리 싸움으로 상대하자면 내가 밀릴 수밖에 없는 상황이었다. 더욱이 상대는 M&A의 귀재고, 나는 M&A가 뭔지 그때까지 잘 알지도 못했다. 그래서 나는 나름대로 전략을 짰다.

'머리로 상대하면 절대로 승산이 없어. 나는 머리가 아니라 가슴으로 상대한다.'

플래너스 엔터테인먼트의 원래 계획은 할리스 커피를 계열사 중 하나로 인수해 프리머스 시네마에서 운영하는 것이었다. 그러나 인수 작업을 하면서 여러 가지 문제가 있어 할리스 커피는 결국 프리머스 시네마의 사업부로 들어가게 되었다.

인수건이 본격적으로 진행되면서 예상대로 플래너스 엔터테인먼트 측에서는 숫자와 전문 용어, 그리고 치밀한 계약서로 빈틈없는 비즈니스를 진행했다. 우리의 밀고 당기는 싸움은 이때부터 본격적으로 시작되었다.

"우리가 할리스 커피의 재무 상태를 꼼꼼히 살펴보니, 자산은 ○○이고, 프리미엄은 ○○니 총 가치는 ○○ 정도라고 보시면 됩니다."

그러면 나는 이런 식으로 대꾸했다.

"저는 M&A 전문가도 아니고 해서 그런 전문적인 내용은 잘 모르겠습니다. 그렇지만 할리스 커피의 가치가 ○○ 정도는 된다고 생각하니 ○○ 정도는 받아야 한다고 생각합니다."

아마 비즈니스의 고수들인 플래너스 측에서는 나의 반응이 참으로 난감했을지도 모르겠다. 어떤 수치와 근거를 가지고 논리적이고 객관적인 제시를 하는 것이 아니라 단순히 자신의 생각을 말하고 있으니, 큰 비즈니스 건을 한두 번 진행한 것이 아닌 그들로서는 생소하기도 했을 것이다. 그러나 나는 원래의 생각대로 이성이 아니라 철저히 감성적으로 대응했다. 내 생각은 이런 것이었다.

'내가 고생해서 키웠지만 더 좋은 곳이 있다면 보내야지. 없이 시작해서 아직도 부족한 부분이 많으니 좋은 곳으로 보내 더 크게 성장하도록 하는 것이 할리스 커피와 내게 더 바람직한 길이야. 그리고 플래너스 정도면 충분히 잘 키울 수 있을 거야. 할리스 커피가 한국의 대표 브랜드가 되면 나도 자랑스럽고. 내 목표는 스타벅스 다음가는 브랜드로 키우는 것이었으니까 이렇게 보내면 목표 달성을 시간적으로도 앞당기고 규모도 훨씬 커질 거야.'

이것이 나의 진심이었기 때문에 돈이 중요한 것이 아니라 할리스 커피가 대접을 받는 것이 내게는 더 중요했다. 그래서 나보다 훨씬 규모가 큰 그들에게 조금도 꿀리지 않고 당당하게 요구할 수 있었다. 전혀 논리적이지 않은 나는 그들에게 상당히 까다로운 존재로 인식되었다. 조금만 마음에 들지 않으면 나는 "됐습니다. 안 하겠습니다"라고 반응했기 때문이다. 심지어 하루는 프리머스 시네마 사장이 우리집까지 찾아왔다.

"강 사장, 도대체 원하는 게 뭐예요? 서로 잘해 보자고 협상을 하는 거잖아요. 그러지 말고 우리 대화하면서 합의점을 찾아봅시다."

그래서 우리는 어렵사리 합의점에 도달했다. 프리미엄의 액수는 내가 처음 생각한 것보다 한참 미치지 못했지만, 대신 내가 2년 동안 할리스 커피에 남아 일을 하고 1년 단위로 매출에 따른 일정 금액을 받기로 결론을 내렸다.

프리머스 측에서는 이 합의 내용을 바탕으로 계약서 초안을 작성해 내게 보냈다. 그런데 계약서를 살피다 거슬리는 조항을 발견했다.

'2년 내에 수익을 ○○ 달성한다. 단, 목표액에 미달할 경우 ○○ 하기로 한다.'

이미 합의된 사항에서 '단'이라는 조건을 달며 그 뒤에 단서조항이 줄줄이 붙어 있었다. 나는 계약서 초안을 죽 훑어본 뒤 실무자에게 전화를 걸었다.

　"계약서 검토했습니다. 그런데 목표액에 미달일 경우 '어떻게 한다'라고 단서조항이 죽 붙었던데, 지난번에 얘기할 때 그런 얘기는 없었는데요. 이거 제가 개인이라서 얕잡아보고 그러시는 거 아닌가요? 만약 큰 회사였으면 이렇게 하시지는 않을 것 같은데요. 그때 얘기 끝났다고 생각했는데, 또 이렇게 하시면 저는 안 하겠습니다."

　서로 협상을 하고 계약서를 쓸 경우, 원치 않는 조항이 있으면 서로 협의를 하고 그 조항을 빼거나 고치는 것이 정상적인 협상의 과정이다. 그런데 나는 원치 않는 조항이 눈에 띄기만 해도 '안 하겠습니다'라고 빠져 버렸다. 그러다 보니 협상 자체가 진행되기 어려웠다. 플래너스 측에서도 지쳤는지 더 이상 연락이 오지 않았다.

　'예전에 스타벅스 본사도 나를 만만하게 보고 고소장을 보내더니, 플래너스도 내가 CJ 정도의 회사라면 이렇게는 안 하겠지. 큰 회사라고 작은 회사를 얕잡아봐서는 안 된다고. 작은 회사도 나름대로의 자존심과 가치가 있는데 말이야.'

　나는 예전 스타벅스에 맞섰을 때처럼 내 자존심을 굽히지 않는 전략으로 나갔다. 그것이 큰 상대를 만났을 때 내가 취하는 하나의 전략이기 때문이다. 이번에도 그것이 효력을 발휘할지는 시간이 지나면 결론이 날 것이라 생각했다.

할리스는 보내고 사람을 얻다

"강 사장, 저녁에 함께 식사나 합시다."

플래너스 엔터테인먼트의 전용주 상무가 전화를 걸어 만나자고 했다. 계약서 초안이 마음에 들지 않아 플래너스 측에 안 하겠다고 선포한 때로부터 한 달 뒤의 일이다. 이번에도 나의 자존심 세우기 전략은 결국 효력을 발휘한 것이다.

"네, 그럼 저녁에 뵙죠."

나는 순순히 허락을 했다. 그날 저녁, 전용주 상무를 만났다. 이런저런 주제가 오가다가 고향 얘기가 나왔다.

"강 사장은 고향이 어디예요?"

"부산입니다."

갑자기 전용주 상무의 얼굴에 환한 미소가 떠오르는 게 보였다.

"저도 부산입니다. 알고 보니 고향 친구네. 그럼 나이가 어떻게 돼요?"

나는 외모로 보아 전용주 상무가 나보다 한참 나이가 많을 거라고 생각하고 있었다. 그런데 알고 보니 나이도 나와 같았다. 그 당시 나는 적은 나이에 사업을 하면 사람들이 만만하게 생각할까봐 옷도 일부러 나이 들어 보이게 입고 괜히 분위기를 잡으며 진중하게 보이려 애썼다. 그래서 대부분 사람들이 내 나이를 실제 나이보다 많게 생각했다. 전용주 상무도 내가 자신보다 나이가 많은 줄 알았다고 웃으며 말했다. 이때부터 우리의 대화는 분위기가 달라졌다.

"정말 반갑네. 고향도 같고 나이도 같으니 친구 아냐, 친구! 친구끼리 잘해 봅시다. 강 사장, 또 왜 그러는 거요? 저번에도 우리는 계약하는구나 생각했는데."

"사실 나한테 조건 같은 건 그렇게 중요치 않아요. 만약 내가 이런 거 저런 거 따졌으면 그 조건에 계약했겠습니까? 더 많이 주겠다는 데 찾았겠지. 상무님도 경상도 사람이니까 잘 알잖아요. 우리 경상도 사람들은 '됐나' 하면, '됐다' 하고 얘기 끝나잖아요. 그런데 얘기 끝났다고 생각했는데 조건을 줄줄이 달면 나는 감정이 확 상하는 겁니다."

"나도 알지. 그런데 우리 박병무 사장님이 변호사 출신이시잖아. 워낙 정확하신 분이고. 사장님께서도 미안해하고 계시다는 것만 알아줘요. 그런데 사장님 위치도 있으시고 하니 직접 말하기 곤란하셔서 나한테 강 사장에게 미안하다고 대신 전해 달라고 하셨어요. 잘 좀 봐 줘요."

비즈니스의 달인답게 전용주 상무는 상대의 마음을 사로잡는 법을 확실히 알고 있었다. 특히 나 같은 상대를 만났을 때는 어떤 식으로 설득해야 하는지를 꿰뚫고 있었다. 나는 고향 친구를 만났다는 것이 기쁘기도 하고, 전용주 상무의 말에 여태까지의 서운한 감정이 사르르 녹아내림을 느꼈다. 그래서 당장 이렇게 말했다.

"내일 계약서 쓰죠."

이렇게 해서 인수 얘기가 나온 지 9개월 만에 계약이 성사되었다. 전용주 상무와 술을 마시면서 계약을 하자고 합의한 다음날 우리는 계약서에 도장을 찍었다. 하루 만에 해결될 일을 플래너스 측과 나는 9개월 동안 밀고 당기며 씨름을 했던 것이다.

그러나 나는 이때 한 가지 사실을 깨달았다. 일을 하다 보면 다양한 사람들을 만나게 된다. 그리고 사회에서 만난 거의 모든 사람들은 이익 관계로 얽혀 있다. 특히 공식적인 비즈니스이거나 큰 비즈니스 건일수록 이해관계가 첨예하게 대립할 수밖에 없다. 그러나 언제나 이성과 논리만이 답을 제시해주는 것은 아니다. 상대에 따라서는 이성과 논리보다는 감성과 마음으로 다가서야 할 때도 있다.

내 경우에도 할리스 커피를 팔 때 '내가 돈을 얼마나 받을 수 있을까'라는 것보다는 상대가 '나 대신 할리스 커피를 잘 키워줄 수 있는가' 하는 자격을 따졌다. 할리스 커피의 계약 조건을 아는 사람 중에는 "카페 하나만 해도 권리금이 얼만데 회사 전체를 팔면서 프리미엄이 그것밖에 안 된다고요? 그냥 팔지 말아요."라고 말하는 사람도 있었다. 그러나 나는 "잘할 수 있도록 최선을 다하겠다"라는 새로 생긴 친구의 든든한 한마디를 믿고 무조건 계약을 진행했다. '할리스 커피를 잘 키워 주겠다'는 말보다 나에게 더 중요한 단서 조항은 없었다. 나처럼 단순하고 의리를 소중히 생각하는 사람에게는 9개월간의 밀고 당기기 머리싸움보다는 마음을 어루만져 주는 감동스런 한마디가 무엇보다 소중한 것이다. 그런 사람들과 만났을 때 비즈니스를 잘 하기 위해서는 '나는 당신을 소중하게 생각하고 있습니다'라는 제스처와 뉘앙스가 가장 강력한 무기가 되는 법이다. '인사(人事)가 만사(萬事)다'라는 말은 비즈니스에도 통용된다.

이렇게 해서 인수의 과정이 일사천리로 진행되는 가운데 생각지 못한 일이 발생했다.

박병무 대표가 계약이 성사된 지 한 달 뒤에 뉴브리지캐피털로 옮기셨고, 심지어 전용주 상무마저 두 달 뒤에 다른 곳으로 옮겼다. 그리고 또 몇 달 뒤 계열사인 넷마블, 싸이더스도 플래너스 엔터테인먼트로부터 독립했다. 몇 달 사이에 환경이 급변했다. 그에 따라 나의 위치도 위협을 받기 시작했다.

나는 2년 동안 남아 있을 의무가 있었기 때문에 할리스 커피에서 계속 일을 해야 했다. 그런데 할리스 커피를 인수한 프리머스 시네마 사장의 입장에서 나는 그다지 달가운 존재일 리가 없었다. 프리머스 시네마에서 할리스 커피를 인수하게 된 계기는 프리머스 시네마 사장의 입김이 컸던 게 사실이다. 나중에 지인으로부터 들은 할리스 커피 인수의 배경은 이렇다.

"할리스 커피를 인수하기 전, 프리머스 시네마 사장은 커피 프랜차이즈를 하나 인수하자고 박병무 대표와 전용주 상무를 계속해서 설득했지. 그래서 커피 브랜드들을 조사하고 적합한 회사를 찾던 중 할리스 커피를 발견한 거야. 할리스 커피는 여러 가지 면에서 플래너스에서 찾던 커피 브랜드의 조건을 갖추고 있었어. 첫째, 외국 브랜드가 아니라 한국 사람이 사장이라는 점. 둘째, 브랜드의 인지도도 있고 겉에서 보기에 구성이나 운영적인 면에서도 괜찮아 보이지만 회사 내부를 들여다보면 주먹구구였다는 점. 제대로만 키우면 성장 가능성이 높다는 큰 장점이 있었지. 셋째, 인수 조건이 매우 저렴했다는 점. 프리미엄 가격이 높지 않아서 브랜드 가치에 비해 상당히 좋은 조건에 인수할 수 있었다는 거지."

이런 배경에서 할리스 커피를 인수하게 된 프리머스 시네마 사장의 입장에서는 이제 자신이 마음대로 커피 사업을 펼치고 싶었을 것이다. 그런데 전용주 상무가 프리머스 시네마 사장에게 "할리스 커피는 하드웨어적인 부분이나 자금이 약하니 강훈 사장에게 충분히 그런 부분을 지원해서 빨리 성장할 수 있도록 밀어줘야 합니다"라고 프리머스 시네마의 입장보다는 거시적인 관점에서 얘기를 하다 보니 내 존재가 더욱 눈엣가시처럼 느껴졌을 것이다. 그래서 가급적이면 내가 나서지 못하도록 활동을 가로막았다. 그런 상황에서 전용주 상무나 박병무 대표가 다른 회사로 자리를 옮기자 나의 활동 영역은 좁아질 수밖에 없었던 것이다. 더욱이 1년 예산으로 7억을 주면서 운영을 하라는 것은 하지 말라는 이야기나 마찬가지였다.

할리스에 남아 일한 지 1년이 지났을 때 나는 회사를 떠나기로 결정을 내렸다. 경상도 사나이의 기질이 또 발동한 것이다.

'절이 싫으면 중이 떠나라고 했다. 주인이 그렇게 직접 하고 싶어 하면 나는 손을 터는 게 낫지. 의무기간이어서 남아 있었지만, 어차피 나는 판 사람이니까 떠나주는 게 예의라고 생각한다. 1년 더 남아서 이익을 남겨야 하겠지만, 할리스 커피의 미래를 위해서도 이 시점에서 내가 물러난다.'

비록 이렇게 할리스 커피를 떠나보냈지만, 이때 정말 소중한 인연들을 만난 것은 큰 행운이었다. 지금은 CU미디어 사장이 된 전용주 상무, 싸이더스의 정훈탁 대표를 이때 만났고, 이들은 훗날 내가 카페베네를 빠른 시간 안에 확장시키는 데 큰 도움을 준 사람들이다. 잃는 것이 있으면 얻는 것도 있기에 세상은 살맛이 나는 것이 아니겠는가.

이렇게 내 자식 같은 할리스 커피를 더 좋은 곳으로 보내고, 나는 이전에는 가 보지 않았던 새로운 길로 홀연히 떠났다.

더 큰 성공을 위한 연습 게임

"할리스 커피도 성공시키고 하셨으니까, 와서 도움을 주시면 좋겠습니다. 제가 하는 사업은 '새니타이저'라고 손세정제입니다. 그쪽 관련 사업이 머지않아 크게 뜰 거라고 봐요."

2003년 12월, 할리스 커피를 그만두기 네 달 전쯤 나는 친구로부터 한 사람을 소개 받았다. 친구의 매제로 바이오 관련 사업을 막 시작하려고 하고 있었다. 그는 내게 바이오 산업의 미래가 그야말로 핑크빛이라고 확신에 차서 말했다.

"향후에는 건강과 환경이 최고의 화두가 될 겁니다. 외국에서는 이미 새니타이저를 많이 쓰고 있는데요, 저는 국내 최초로 이것을 출시할 예정입니다. 이제는 판로만 잘 개척하면 사업은 승승장구할 거예요. 1억 정도만 투자하시면 지분을 51% 드리겠습니다."

나는 확신과 자신감에 차서 사업을 설명하는 그를 보면서 예전의 내 모습을 떠올렸다. 국내에 아직 스타벅스가 들어오지 않았던 시절에 나는 직접 미국에 가서 커피 사업이 얼마나 활성화되어 있는지를 체험했고 커피 사업의 미래를 확신했다. 그리고 내가 그 사업에 뛰어든 투자자들을 향해 향후 우리도 그렇게 될 것이라고 열심히 설명하곤 했었다. 나는 눈과 몸으로 체험했기 때문에 확신을 갖고 설명할 수 있었고, 내 예상은 맞아떨어져 할리스 커피는 성장할 수 있었다. 그래서 선진국에서 활성화된 바이오 산업이 향후 우리나라에서도 크게 각광받을 거라는 전망과 확신에 나도 내심 동의했다.

그 뒤 할리스 커피를 그만둔 나는 바로 친구의 매제가 하는 바이오 산업에 투자를 하고 사업에 합류했다. 예전의 내 모습을 보는 것 같아 도와주고 싶기도 했고, 사회 발전의 흐름, 즉 대세를 따져 봐도 바이오 산업은 앞으로 전망 있는 분야였다. 할리스 커피를 떠나야겠다고 결정을 내린 것도 새로운 분야에 도전해 보고 싶은 마음이 있었기 때문이다. 그러나 할리스 커피를 그만두고 선뜻 투자를 한 가장 큰 이유는 할리스 커피 사업을 할 때 나를 믿고 투자해 준 친구의 매제라는 이유 때문이었다.

'나도 너한테 도움을 받았고, 네가 된다고 하면 되는 거라 생각한다. 너의 매제니까 나는 믿고 투자한다.'

내가 이 친구와 막역한 사이가 된 데에는 사연이 있다. 신세계에 입사했을 때 이 친구와 나는 입사동기였다. 입사하고 얼마 안 되어 동기 중의 한 명이 우연히 카드를 주웠는데, 내 친구를 데려가 함께 술을 마시고 그 카드로 지불을 한 것이다. 내 친구는 단지 동기가 술을 사준다고 해서 따라간 것일 뿐 분실된 카드로 지불했으리라고는 꿈에도 생각지 못했다. 그런데 이후에 분실된 카드를 마구 쓴 것이 적발되어 두 사람은 형사입건까지 될 뻔했다. 상황을 설명하고 간신히 형사처벌은 면했는데 대신 쓴 돈에 대해서 배상을 해야 했다. 친구가 배상해야 할 돈이 100만 원 정도였는데, 집에 얘기할 수 있는 상황도 아니고, 주위 친구들도 모두 신입사원들이라 빌려줄 수 있는 사람이 없었다. 내게도 "훈아, 매달 20만 원씩 갚을 테니까 100만 원만 좀 빌려줘"라고 부탁했다. 마음은 정말 빌려주고 싶었지만, 나도 수중에 돈이 없기는 마찬가지였다. 그래서 방법을 생각해 냈다. 나는 속칭 '카드깡'을 해 주는 곳을 찾아가서 내 카드로 현금을 마련해 친구에게 주었다. 친구는 그 뒤로 매달 20만 원씩 정확하게 갚았고, 그렇게 해서 그 일은 잘 마무리될 수 있었다.

사실 나는 친구가 안됐기도 하고 도와주고 싶은 마음에 한 행동이었는데 친구에게는 더할 수 없는 감동을 안겨준 듯싶다. 친구는 "세상에 누가 자기 카드를 가지고 가서 그렇게 해 주겠냐. 나는 그때 정말 얼마나 고마웠는지 몰라"라고 만나기만 하면 그 얘기를 했다. 그리고 내가 할리스 커피 사업을 할 때는 "너가 하는 사업이니까 믿고 투자한다"라고 1억을 선뜻 투자해 주었다. 어려운 상황에서 100만 원을 마련해 준 것에 대해 1억으로 보답한 것이다. 이 친구와 나는 그야말로 상대방이 "된다"라는 한마디만 해 주면 다른 것은 따지지 않고 움직이는 그런 사이였다. 그런 친구가 "된다"라고 말하고, 그의 친척이니 무엇을 따질 필요도 없었고, 따지고 싶지도 않았다.

그런데 바이오 사업에 합류하고 얼마 지나지 않아서부터 내 희망이 조금씩 무너지기 시작했다. 친구의 매제가 말을 계속해서 바꾸는 바람에 일이 진행되지 않았다. 한두 달 흐르면서 말은 계속해서 바뀌었고, 결국에는 그를 도저히 신뢰할 수가 없었다. 나는 정직과 신뢰를 바탕으로 할리스 커피 사업을 일구어 나갔었는데, 그는 정반대로 하고 있었다. '좋은 아이템을 가지고 이렇게 운영을 하면 앞으로 사업이 제대로 되겠어?'라는 의심이 들기 시작했고, 계속해서 실망감만 커져 갔다.

결정적으로 그는 내게 거짓말을 하고 있었다. 처음에는 "제가 갖고 있는 지분이 70%이니 51%를 드리겠습니다"라는 말로 투자 제안을 했었다. 그런데 여러 명을 끌어들이면서 투자를 받았기 때문에 실제로 그가 갖고 있는 지분은 20%도 채 되지 않았다. 그 때문에 내게 하는 말이 계속해서 바뀌고, 내가 무엇을 물으면 상황에 따라 대답이 틀렸던 것이다.

나는 결국 세 달 만에 그곳을 나와 버렸다.

몇 해 전, 신종플루가 유행하면서 사람들이 손제정제를 들고 다니며 수시로 꺼내 쓰는 모습을 흔히 볼 수 있었다. 그리고 이제 손세정제는 일용품이 되었다. 원래 외국에서는 오래전부터 일상화된 제품이었지만, 우리나라에서는 신종플루를 계기로 활성화되었다. 결국 내 친구 매제의 예측은 맞아떨어졌고, 위생에 대한 수요는 날로 확대되고 있다. 만약 그때 그가 신용을 지키고 착실하게 사업을 해 나갔다면 어쩌면 지금 나는 그와 함께 바이오 사업을 하고 있을지도 모르겠다. 그리고 신종플루의 유행 이후로 우리의 사업은 승승장구하며 빠르게 성장하고 있을 것이다.

역사에 가정은 없다고 하지만, 그 일을 계기로 나는 신용이 사업에 얼마나 절대적인 영향을 미치는지 확인할 수 있었고 하나의 거울로 삼을 수 있었다. 내가 그곳을 나온 뒤에 결국 사건이 터졌다. 위생 관련 제품을 기업들에 공급하는 과정에서 정식 허가를 밟지 않고 불법적으로 진행해 뉴스에까지 보도되고, 결국 친구의 매제는 그 일로 인해 경영상의 어려움을 겪어 회사를 대기업 식품회사에 넘기고 말았다.

요즘 나는 "사업을 잘 하려면 어떻게 해야 합니까?"라는 질문을 많이 받는다. 물론 여러 가지 요소가 작용하겠지만, 내 경우에 비추어 보자면 신뢰와 신용이 크게 작용했던 것이 사실이다. 신용은 단순히 빌린 돈을 제때 갚고, 자신이 한 말을 지키는 것만을 의미하는 것이 아니다. 나 자신의 이익을 위해 남을 이용하거나 피해를 주지 않는 것도 포함된다. 똑똑한 사람들이 흔히 저지르는 실수 중의 하나가 자신의 이익을 위해 잔머리를 굴려 남에게 피해를 주는 것이다. 그런데 눈앞의 이익을 위해 또는 자신이 손해를 보지 않으려고 남에게 피해를 주면 결과적으로 자신도 큰 피해를 입고 만다. 피해를 본 사람들은 마음속으로 그 사람에게 등을 돌리고 이후에 그 사람이 도움을 요청했을 때 어떠한 도움도 주지 않기 때문이다. 아버지께서 "손해 본다고 생각하고 사업하거라"라고 항상 말씀하시는 것도 바로 이러한 이유 때문일 것이다.

신용은 어떤 면에서는 자본보다 더 강력한 자본이며, 실패했을 때 재기를 위한 밑천이기도 하다. 커피 업계를 한동안 떠나 있다 다시 복귀했을 때 내가 단시간에 재기할 수 있었던 것도 전적으로 내 인맥들의 도움이 있었기 때문이다. 인맥은 곧 자신이 쌓아 놓은 신용의 정직한 결실이기도 하다.

돈을 잃고 사람을 배우다

"드라마 〈올인〉 알지? 그 세트장을 테마파크로 만들려고 하는데 한 2억만 투자해. 〈올인〉 모르는 사람이 어딨어, 다 알잖아. 그리고 드라마가 해외에도 수출되니까 외국인 관광객도 많이 올 거라고."

할리스 커피를 그만두기 직전, 초록뱀미디어에서 마케팅을 담당하고 있던 신세계 동기로부터 만나자는 연락이 와서 다음과 같은 투자제안을 했다.

"테마파크가 생기면 식음료 사업도 같이 해야 하니까 그때 참여해. 테마파크에 투자도 하고, 향후 식음료쪽 사업도 하라고."

그 신세계 동기는 며칠 후 초록뱀미디어의 대표와 관계자들과의 자리를 마련하면서 적극적으로 투자를 권유했다.

"1주일 안으로 결정을 좀 내려 줘. 워낙 히트한 드라마니까 손해는 안 볼 거야."

사실 1주일을 더 따지고 고민한다고 해서 테마파크가 성공할지 아닐지를 알 수는 없었다. 그래서 나는 예전 할리스 커피 사업 초창기 때 나에게 투자했던 친구들을 떠올렸다. 그들도 사업이 잘될지 아닐지를 판단해서 투자한 것이 아니라 나, 즉 강훈을 보고 투자했던 것이다. 그래서 이번에는 내가 친구를 믿고 투자해 보기로 했다. 나는 그 친구에게 전화를 걸었다.

"2억은 좀 어려울 것 같고, 1억을 투자할게."

이렇게 해서 나는 친구를 믿고 〈올인〉 테마파크에 투자를 했다. 이후에 테마파크는 실제로 개장을 했지만, 장사가 그다지 잘 되지 않아 결국 나는 투자금을 날리고 말았다. 그러나 나는 한 번도 친구를 탓하지도, 그렇다고 원망하지도 않았다. 내 기본적인 생각은 이러했다.

'나도 사업을 해 봐서 알지만, 안 될 거라 생각하고 했겠어. 자기들도 될 거라고 생각하고 했는데 안 된 것뿐이지.'

잘못하면 관계에 금이 가고 다시는 안 보는 사이가 될 수도 있었겠지만, 나는 친구를 이해했기 때문에 우리 사이에는 아무런 문제가 생기지 않았다. 그 뒤 이 친구는 초록뱀미디어에서 다시 다른 회사로 자리를 옮겨 온라인 쇼핑몰을 담당하게 되었다. 나는 할리스 커피를 그만두고 잠깐 바이오 사업에 몸을 담았었지만 3개월 만에 그만두고 여러 가지를 모색하다 잘 풀리지 않아 쉬고 있었다. 쉬는 시간이 길어짐에 따라 나도 본격적으로 할 일을 찾아야겠다는 생각을 하다가 이 친구의 도움을 받아 커피 온라인 쇼핑몰을 해 볼까 생각하던 차에 포항에서 영덕 대게를 파는 친척에게서 연락이 왔다. 사촌은 온라인 쇼핑몰에 영덕 대게를 팔고 싶어 했는데 자신은 연줄이 없어서 나에게 부탁을 했다. 나는 곧바로 그 친구가 떠올랐다.

"마침 잘 됐네. 나도 이 친구 한번 만나려고 하고 있었는데, 친구가 온라인 쇼핑몰 쪽에서 일하고 있어. 내가 부탁을 해 볼게."

나는 친척에게 친구와 연결시켜 주겠다고 약속을 했다. 그리고 친구에게 전화를 했다.

"내 친척이 포항에서 영덕 대게 판매 사업을 하는데, 온라인 쇼핑몰에서 팔아보고 싶다고 한다. 네가 온라인 쇼핑몰 담당이니까 거래하는 업체들 소개 좀 시켜 줘라. 부탁한다."

"그래? 그럼 내가 아는 밴더업체가 있는데 소개시켜 줄게. 너가 연결시켜 줘."

이렇게 해서 소개 받은 밴더업체를 내 친척에게 소개시켜 주었다.

그 후로 나는 밴더업체의 사장과 친해져 가끔 술도 같이 마시는 사이가 되었다. 하루는 술을 마시며 밴더업체 사장과 이런저런 이야기를 나누다가 불쾌한 진실을 알게 되었다. 영덕 대게를 연결시켜 줄 때 내 친구가 이 밴더업체 사장에게 "네가 그냥 대충 알아서 해 줘라"라고 말했다는 것이다. 나는 순간 적잖이 충격을 받았다. 나는 내 친구를 믿고 1억을 투자했고, 테마파크 영업이 잘 되지 않아서 결국 전부 날리고 말았다. 그 뒤에도 나는 그 일로 친구를 탓하거나 원망한 적도 없었다. 다만 그 친구가 나에게 마음의 빚이 남아 있다고 생각해서 돈이 아니라 작은 부탁을 한 것인데, 그는 그것을 귀찮게 여기고 고작 "대충 알아서 해 줘라"라는 말로 처리해 버린 것이다. 이후 이에 대해 서로 허심탄회하게 얘기를 나누었고 이제는 서로 이해를 하게 되었다. 그러나 그때는 서운했었고 그 일을 계기로 내 자신을 돌아보게 되었다. 내가 사회적인 권력을 갖고, 또 돈이 있을 때는 사람들이 내 비위를 맞추려고 최선을 다했다. 그러나 할리스 커피를 팔고 나서 여러 가지 시도한 일들이 뜻대로 되지 않아 자리를 잡지 못하고 많던 돈도 점점 떨어져 가자 나를 대하는 태도가 완전히 바뀌는 사람들이 있었다. 처음 사업을 시작할 때 사람들로부터 많은 도움을 받았기 때문에 나도 사람들에게 도움을 주려고 노력했지만, 그들은 나의 호의를 전혀 고맙게 여기지 않았다. 내가 어려워지기 시작하자 그들은 이전과는 완전히 다른 태도로 나를 대했다. 나는 언제나 사람들을 진심으로 대했기 때문에 남들도 나에게 그렇게 할 것이라고 믿었지만, 나는 그동안 사람들에 대해 너무나 모르고 있었던 것이다.

이때 나는 세상이 얼마나 냉정한지를 배웠다. 그리고 사람을 배웠다. 또 내 인생에 대해서도 진지하게 고민했다.

'할리스 커피를 위해서는 백년대계를 세웠었는데, 정작 내 인생에 대해서는 진지하게 고민해 본 적이 없었던 것 같아. 언제나 운도 사람들도 내편이라고만 생각했어. 할리스 커피를 판 것은 할리스 커피가 앞으로 더 잘되라고 한 결정이었는데 이제 나도 이전보다 더 잘돼서 남들에게 보란 듯이 나타나야 해. 여기서 죽는다면 할리스 커피를 판 것이 얼마나 바보같은 결정이었는지를 보여주는 것밖에 안 된다고.'

1,500만 원을 들고 할리스 커피를 키워 보겠다고 고군분투할 때의 마음과 각오가 새록새록 떠올랐다. 오랫동안 잠자고 있던 내 안의 생존본능이 다시금 고개를 들었다. 나는 스스로에게 말했다.

'강훈, 지금까지는 연습게임이었어. 그동안의 충분한 연습을 발판 삼아 이제는 본게임을 시작해 보자고.'

2

Caffé bene
Story

누구도 따라올 수 없는
대한민국 1등
토종 카페를 만들다

Caffé bene
Story

돌아보고, 분석하고, 선택하다

할리스 커피를 팔고 2년 동안은 동종 사업에 손을 댈 수 없다는 계약 조항이 있었기 때문에 나는 다른 길을 찾기 위해 3년여 동안 바이오 사업, 엔터테인먼트 사업, 커피 도매사업 등 다양한 분야에 뛰어들어 앞길을 모색했다. 6년 넘게 할리스 커피 사업을 하면서 커피에 질리고 사업에 지쳐 커피 업계를 멀리 떠나고 싶었던 심정이 컸던 것도 사실이다. 그러나 손대는 일마다 이러저러한 사정으로 잘 풀리지 않고 시간만 흘러가자 그것이 오히려 내 자신을 냉정하게 바라볼 수 있는 계기가 되었다. 더욱이 내 자신의 위치가 불안해지자 그로 인해 당해야 하는 불이익들이 크게 느껴지기 시작했다. 오기와 자존심이라면 누구에게도 뒤지지 않는 나는 다시 전열을 가다듬었다. 그리고 더 큰 게임, 더 큰 비상을 위해 준비를 시작했다.

　우선 내가 무엇을 잘할 수 있는지를 짚어 보았다. 그것은 다름 아닌 바로 커피 사업이었다. 하워드 슐츠는 커피의 맛과 매력에 이끌려 커피 사업을 시작했다고 하는데, 사실 나는 커피의 깊은 맛과 문화적인 취향에 끌리기보다는 사업적인 관점에서 커피 사업에 매력을 느낀다.

　커피는 물 다음으로 가장 많이 소비되는 마실 거리다. 한 조사에 따르면, 한국인 1인당 1년에 347잔의 커피를 마신다고 한다. 주위를 둘러봐도 다들 하루도 거르지 않고 커피를 마시니 이제 우리는 커피 없는 세상을 상상하기 힘든 시대에 살고 있다. 커피는 18세기 이후 전 세계로 확산된 이래 세계적인 사랑을 받는 음료로 자리잡았고, 현대 사회에서는 우리의 일상과 떼려야 뗄 수 없는 관계에 있다. 그리고 인류가 존재하는 한 앞으로도 계속 확고부동한 자리를 놓치지 않을 것이다. 또한 커피는 세계 시장에서 석유 다음으로 많이 거래되는 상품이다. 우리나라도 커피 시장의 규모가 2조 원에 이른다.

　이렇게 세계적인 음료이고 그 시장이 형성되어 있기 때문에 글로벌화하기도 쉬운 아이템이다. 스타벅스가 단시간에 전 세계로 뻗어 나갈 수 있었던 이유도 이미 커피가 전 세계적으로 일반화되어 있는 아이템이기 때문이다. 요즘 떡볶이의 세계화가 한창 진행 중인데, 떡볶이는 한국에서는 국민 음식이지만 전 세계적으로 보자면 생소한 음식이기 때문에 세계화가 되려면 상당한 시간이 걸릴 것으로 예상

된다. 그런 면에서 커피는 세계화하는 데 있어 상당히 경쟁력을 갖춘 아이템이라 할 수 있다.

또, 다른 프랜차이즈에 비해 이익이 큰 편이다. 감자탕, 치킨 등등의 프랜차이즈는 1억 정도의 자본금으로 점포를 열 수 있지만, 커피의 경우에는 5억 정도의 자본금을 필요로 한다. 물론 소규모의 경우 더 적은 자본금으로 시작할 수 있지만, 괜찮은 브랜드의 경우 최소 5억 정도를 가지고 있어야 한다. 30퍼센트의 마진을 가정한다면, 1억의 경우 3천만 원, 5억의 경우 1억5천만 원의 마진을 볼 수 있으므로 사업적으로도 가능성이 크다고 할 수 있다. 그리고 전체적인 규모도 다른 프랜차이즈에 비해서 크다.

이렇게 자본금이 다른 프랜차이즈에 비해 높다보니 커피 전문점을 여는 매장 점주들의 수준도 상대적으로 높을 수밖에 없다. 또 문화적인 부분들이 사업에 많이 연계되는데 커피 사업을 하면서 만나는 사람들의 수준이 대체로 높은 편이다.

그리고 커피는 단지 맛으로만 승부하는 사업이 아니다. 다른 프랜차이즈의 경우 서비스가 조금 떨어져도 맛이 뛰어나다면 성공할 수 있는 여지가 있다. 그러나 커피의 경우에는 다르다. 스타벅스에서도 언제나 "우리는 커피를 파는 것이 아니라 분위기와 문화를 판다"라고 강조하는 것처럼, 커피 사업은 하나의 종합 엔터테인먼트라 할 수 있다. 맛, 서비스, 마케팅이 어우러지고 조화를 이루어야 성공할 수 있는 사업이다.

커피 사업에서 중요한 점이 무엇이냐는 질문을 받을 때마다 나는 감각과 분위기를 강조하면서 사람에 빗대어 말한다.

"우리가 이성을 마음에 든다고 했을 때 여러 가지 요소가 있잖아요. 잘생겨서 또는 예뻐서, 키가 커서, 몸매가 좋아서, 성격이 좋아서 등등. 그런데 어떤 사람은 한 가지가 월등하게 뛰어난 게 아니라 키도 어느 정도 크고, 성격도 좋고, 생긴 것도 괜찮고, 학벌도 좋고 전체적으로 빠지는 것 없이 조화를 이루는 사람이 있어요. 사람들은 일반적으로 그런 사람에게 매력을 느끼고 그런 류의 사람을 더 선호하는 경향이 있습니다. 그게 쉽지 않기 때문에 더 매력을 느끼는 거 같아요. 나는 남자니까 남자의 입장에서 여자를 볼 때도 마찬가지예요. 어떤 여자는 얼굴은 예쁜데 매너가 영 없고, 어떤 여자는 학벌도 좋고 똑똑한데 외모가 볼품없고, 어떤 여자는 예쁘고 똑똑한데 교양이 전혀 없는 거예요. 이것들을 고루 갖춘 여성을 찾으려 하면 그것도 쉽지 않더라고요. 그래서 그런 여성을 발견하면 금방 끌리더군요. 그리고 시골에 사는 사람에게 뉴욕에서 직수입한 뉴요커 스타일의 패션을 입혀 보세요. 옷만 그렇게 입었다고 해서 세련된 도시인처럼 보이나요? 영 어색하다는 것을 금방 알 수 있죠. 사람에게서 풍겨 나오는 이미지도 무시할 수 없기 때문입니다. 커피 사업도 똑같다고 보시면 됩니다. 맛, 서비스, 마케팅 이 모든 게 두루 갖추어지지 않으면 소비자들을 끌어당기지 못한다고 봐요. 맛도 맛이지만 분위기와 멋으로 승부하는 게 커피 사업의 또 하나의 특징이죠."

밑바닥부터 다지며 6년 넘게 할리스 커피 사업을 이끈 나는 커피 사업은 이 모든 것을 아우를 수 있는 장이며, 그 어떤 분야보다 예술적이며 종합 엔터테인먼트적인 성격이 강하다고 단언할 수 있다.

이러한 장점들 때문에 커피 사업은 분명히 매력을 가지고 있고, 다른 여러 분야를 돌아봤지만 커피 사업에서 느꼈던 매력을 또다시 느낄 수 없었다.

결국 나 자신을 돌아보면 볼수록, 내 앞길을 고민하면 고민할수록 모든 것이 한 곳으로 귀결되고 있었다. 바로 커피가 내 천직이라는 결론이었다.

하고 싶은 일이 아니라
잘할 수 있는 일

　할리스 커피를 그만두고 2년 동안은 그동안 쉼 없이 달려온 내 인생을 보충하기 위해, 그리고 충전의 의미로 휴식을 취했다. 신세계에서의 5년, 할리스 커피 사업을 하면서 6년 동안 나는 좌충우돌하면서 열심히 앞으로 뛰기만 했다. 숨이 차고 넘어지려고 하는 순간에도 달리는 것 이외에는 선택의 여지가 없다고 생각했던 것이다. 그러나 어느 순간 나는 달리기에 스스로 지쳐 레이스를 이탈해 조용히 쉬고 있었다. 그리고 동료나 친구들이 나를 지나쳐 앞으로 나아가는 모습을 지켜봐야 했다.

　마흔이 가깝도록 한 번도 인생의 쓴 맛이라든가 고독을 느껴본 적이 없었지만, 2년이 지나고 또 한 해가 다가오자 인생의 고통들이

절절히 느껴졌다. 언제나 세상이 내편이라고 생각하며 살았었지만, 내 처지가 스스로 만족스럽지 못하자 사람들과의 관계도 이전 같지 않았다. 달라진 내 처지만큼 많은 사람들이 나를 대하는 태도나 나에 대한 대우가 달라진 것도 사실이었다.

사업을 할 때 위기와 고난이 닥치면 나는 더 강해지곤 했었다. 그 위기와 고난은 마치 강철을 달구는 불처럼 나를 달구어 그 순간을 견뎌내면 나는 더 강해져 있었다. 그것은 아마도 목표가 분명했기 때문일 것이다. 할리스 커피는 내 목표의 등대가 되어 내가 비바람을 만날 때마다 나를 비추어 주었던 것이다. 그러면 나는 목표를 향해, 등대를 향해 키를 돌리고 돛을 조절하면서 앞으로 힘차게 나아갔다. 친구들이나 동료들은 대부분 안정적인 직장생활을 하거나 조직의 틀에서 보호를 받으며 생활했기 때문에 이른 나이부터 앞길을 스스로 열며 나아가는 나는 아는 사람들 사이에서 '강한 남자'의 대명사처럼 여겨졌다.

그런데 목표를 잃어버리자 오히려 내 인생과 앞으로의 삶에 대해 진지하게 생각할 수 있는 시간이 주어졌다. 신세계에서 직장인으로서 사회생활을 하고 독립해 할리스 커피 사업을 한 세월이 내가 강해지고 단련되는 과정이었다면, 할리스 커피를 그만두고 3년 동안의 세월은 내가 깊이를 가질 수 있는 숙성의 시간이었다.

살아가면서 누구나 수많은 선택의 기로에 서게 된다. 이때가 나에게는 중대 결정을 내려야 하는 선택의 순간이었다. 사실 나는 이십 대부터 꿈도 많았고 하고 싶은 일도 많았었다. 커피는 엄밀히 말해 내가 진정으로 하고 싶은 일은 아니었다. 진정으로 하고 싶은 일이 었다면 어쩌면 다른 데로 눈길조차 돌리지 않았을지도 모르겠다. 그런데 곰곰이 따져 보니 내가 잘하는 일은 바로 커피 사업이었다.

신세계에서 키오스크를 만드는 태스크포스팀에서 일할 때는 IT 쪽에 몸을 담고 그쪽 사업을 해 보고 싶은 마음도 있었다. 당시는 IT 붐이 일어나기 직전으로 우리나라에 전문가가 몇 명 없었지만, IT 는 향후 가장 전도유망한 분야 중의 하나였다. 더욱이 우리 팀은 마이크로소프트와 손잡고 일했기 때문에 새로운 기술을 배울 수 있는 좋은 기회이기도 했다. 내 눈에 IT 분야는 참으로 근사하게 보였고, 이 분야의 전문가들은 엘리트 중의 엘리트인 것처럼 생각되었다. 만약 이때 내가 계속해서 태스크포스팀에 참여해 기술을 배우고 그쪽으로 정진했다면, 그 후 곧바로 일어난 IT 붐 시기에 크게 투자를 받고 회사를 세워 네이버에 버금가는 회사의 사장이 되어 있을지도 모를 일이다. 그리고 내 머릿속에는 그러한 미래를 꿈꾸며 IT 분야에서 성공해 보고 싶은 욕심도 있었다. 그런데 문제는 내게 그러한 자질이 없었다. 하루 종일 책상에 앉아 컴퓨터를 보는 일은 내게는 고문과도 같았다. 계속해서 움직이며 영업을 하고 이벤트를 벌이는 일이 내 적성에 맞았다. 그리고 그런 일을 할 때 남들보다 좋은 성과를 얻었다. 그래서 나는 일 년 만에 다른 부서로의 이동을 요구하고 결국 스타벅스 추진팀으로 자리를 옮긴 것이다.

그런데 연구하고 한 곳에 몰두하기보다는 여러 분야를 두루 경험하며 그것들을 연계하면서 큰 그림을 그려나가는 기질은 사업을 하는 데 있어서는 크게 도움이 되었다. 균형감각을 유지하는 시각을 길러주었기 때문이다. 커피 사업을 하는 사람 중에는 커피 매니아로서 커피에 대한 애착 때문에 그것을 직업으로 삼는 사람들도 많다. 그들은 장인 기질을 가지고 있어 커피의 맛과 품질에 중점을 둔다. 그런데 그렇게 되면 사업적으로 확장하는 데 걸림돌이 되기도 한다. 음식을 예로 들면, 100점짜리 음식을 만들기 위해서는 최고의 셰프와 최고의 재료를 써야 한다. 그런데 그럴 경우 음식 값을 비싸게 받아도 인건비와 재료비 등등의 비용이 많이 나가기 때문에 사업성이 떨어질 수밖에 없다. 더욱이 그 돈을 내고 먹을 만한 사람이 많지도 않고, 그렇게 만든다 해도 100점짜리 음식인지 알아볼 수 있는 사람도 많지 않다. 결론적으로 프랜차이즈를 해서 사업을 키우기에 부적합하고, 주인의 자부심만을 만족시킬 수 있다. 그래서 장사나 사업은 맛과 품질, 서비스, 마케팅 등 모든 분야에서 크게 처지지 않고 평균을 냈을 때 70점을 유지하는 것이 잘하는 것이며, 그것을 유지하는 것도 결코 쉬운 일이 아니다. 나는 성향을 놓고 보아도 매니아나 쟁이 기질은 없지만 다분히 사업가적 기질을 강하게 갖고 있었다.

또 할리스 커피를 그만두었을 때 잠깐 엔터테인먼트 쪽과 연계를 갖고 그쪽으로 진출해 보려고 생각한 적도 있었다. 초록뱀미디어의 〈올인〉 테마파크에 투자한 것을 계기로 초록뱀미디어 사람들과 알게 되면서 계속해서 엔터테인먼트 업계와 관계를 갖게 되었다. 초록 뱀미디어의 김태원 부사장이 이후에 몇 명과 공동으로 제작사인 올리브나인을 창립하면서 그쪽과도 연결되었다. 올리브나인은 드라마 제작, 연예인 매니지먼트, 문화사업을 연계한 프랜차이즈를 사업 목표로 했다. 2004년, 올리브나인은 〈불량주부〉를 제작하기 전의 기획 단계에서 프랜차이즈 아이템을 확정하고 그것을 드라마에 노출시켜 본격적으로 프랜차이즈 사업을 전개할 계획을 갖고 있었다. 나는 할리스 커피 사업을 했던 경력이 있어 고대화 사장으로부터 프랜차이즈 사업을 함께 해 보자는 제안을 받았다. 우리는 프랜차이즈를 할 만한 아이템을 물색했지만 적당한 것을 찾지 못해 결국 유야무야되고 말았다.

비록 내가 참여하지는 않았지만 그 이후 이러한 기획은 그대로 〈커피프린스 1호점〉에 적용되었고, 방송에서의 노출과 인기를 바탕으로 몇 개의 카페가 생기기도 했다. 그러나 활성화되지 못하고 원래의 커피 체인점을 인수한 사람이 경영 자문을 받기 위해 나를 찾아오기까지 했다. 드라마가 상당한 인기를 얻었고, 그 무대가 실제 카페여서 방송에 상당히 노출된 덕분에 인지도를 크게 얻었음에도 정작 커피 프랜차이즈가 활성화되지 못한 이유는 무엇일까? 심지어 커피프린스 1호점 카페는 홍대 앞의 명물이 되기까지 했는데도 말이다. 나는 그 이유를 각 분야의 전문가들의 공동 작업이 제대로 이루어지지 않았기 때문이라고 분석한다.

프랜차이즈 사업 성공의 관건은 연계성에 있다. 내부적인 연계성은 맛, 마케팅, 운영의 연계성이다. 간혹 맛 한 가지로 큰 성공을 거두는 프랜차이즈도 있지만 큰 사업으로 확장하지 못하고 어느 단계에서 주저앉고 만다. 하나의 모체를 계속해서 복제할 수 있는 시스템으로 연결되지 못하기 때문이다. 세계적인 프랜차이즈들을 떠올려보라. 그들은 맛, 마케팅, 운영을 하나의 시스템으로 응결해 거대 조직을 창출해 간다. 그러므로 커피 운영 업체의 역량이 무엇보다 중요하다.

외부적인 연계성이라고 한다면 외부 업체들과의 공동 작업을 통한 인프라의 구축이다. 프랜차이즈 사업은 고객들을 향한 노출 빈도에 따라 자신들의 브랜드를 알리고 매출을 올릴 수 있기 때문에 마케팅과 이벤트가 무엇보다 중요하다. 끊임없이 고객들에게 노출되어야 하고 인기도에 따라 가맹점들을 모집할 수 있기 때문이다. 그래서 프랜차이즈 업체들은 노출 효과가 뛰어난 미디어나 엔터테인먼트 업계와 연계하기를 좋아한다. 미디어나 엔터테인먼트 업체도 자신이 가지고 있는 콘텐츠를 활용해 돈을 벌기를 원하므로 프랜차이즈 사업에 대한 일종의 동경이 있다. 그런데 두 업계 간의 수많은 공동 작업 시도에도 성공 사례가 거의 없는 이유는 두 개의 이질적인 분야가 긴밀하게 연계되지 못하기 때문이다.

앞서 내가 자금이 없는 상태에서 마케팅을 할 때 각 분야의 업체들을 묶는 과정에서 가장 중요한 점은 각자에게 이익이 돌아갈 수 있는 연계점을 만들어 주는 것이었다. 이쪽에서 모자란 점을 저쪽에서 가져와 보충하고 반대로 저쪽에서 모자란 점을 이쪽에서 가져가 보충해 준다. 이런 식으로 연계가 되면 윈윈이 성립된다. 그러나 이러한 연계점이 없는 한 각자 자신의 이익을 취하려 하고 결국에는 연계가 성사되지 못한다.

예를 들면, 미디어 업계는 프랜차이즈를 진행할 때 자신들이 노출을 통해 홍보해 주므로 상대가 무조건 투자해 주기를 바란다. 미디어의 노출효과가 곧 투자라고 생각하기 때문에 상대는 그에 상응하는 금전적인 보상을 해야 한다고 생각한다. 반대로 프랜차이즈 업계는 서로 공동 작업을 하는 것이므로 무한한 노출을 제공해 주기 바란다. 할 수 있다면 시나리오라도 바꿔 가급적이면 많은 노출을 해줘야 한다고 생각하는 것이다. 그러나 드라마나 영화 제작은 많은 사람들이 참여하는 공동 작업으로 이루어지기 때문에 어떤 사항이 어느 한 사람의 결정으로 진행될 수 있는 것이 아니다. 만약 서로의 상충되는 이익 지점을 하나로 묶어줄 수 있는 연결 고리가 생긴다면 두 업계는 긴밀하게 연결될 수 있지만, 그렇지 않는 한 동상이몽을 하다 관계는 끝나고 만다.

나도 〈불량주부〉 〈프라하의 연인〉 〈주몽〉과 연계해 프랜차이즈 사업을 하려고 했으나 이러한 여러 가지 원인들이 작용해 결국은 성사되지 못했다. 그러나 그런 시도를 통해 중요한 경험을 했다. 엔터테인먼트 업계와 손잡고 일하려면 그들과 어떻게 소통하고 어떠한 연계점을 만들어야 하는지를 이때 배운 것이다. 이후 싸이더스와 손잡고 카페베네 사업을 진행할 때도, 카페베네가 다른 커피 브랜드와 달리 엔터테인먼트 마케팅을 성공적으로 진행할 수 있었던 것도 모두 이때의 경험이 뒷받침된 것이다.

또 정훈탁 사장처럼 연예인 매니지먼트 사업을 하며 많은 연예인들을 만나고 젊은 사람들의 선망의 대상이 되고 싶은 바람도 있었다. 그러나 나는 그쪽의 인맥이 많은 것도 아니고 사람을 매니지먼트하는 일에는 크게 소질이 있는 것도 아니어서 내가 잘할 수 있는 분야가 아니었다.

커피 사업에서 성공할 수 있었던 이유는 신세계를 다니며 유통 분야를 경험했기 때문에 그쪽의 생리를 잘 알고 있었고, 또 스타벅스 추진팀에서 일하며 커피 사업에 관한 지식을 쌓고 그 분야의 인맥들을 확보할 수 있어 커피 사업에 필요한 인프라를 이미 구축해 놓고 있었기 때문이다.

예전에는 사업을 위해 백년대계를 세웠었지만, 이제는 나 자신에 대한 백년대계를 세웠다.

'지금은 하고 싶은 일이 아니라 잘하는 일을 해야 할 때다. 그것이 언젠가는 내가 진정으로 하고 싶은 일을 할 수 있는 밑거름이 될 테니. 이제 마음을 다잡고 다시 커피 업계로 돌아갈 때가 온 거야.'

다시, 커피 업계로 돌아오다

"회장님, 할리스도 했었으니 제가 한번 키워 보겠습니다."

다시 커피 업계로 돌아가기로 결정을 내리고 나서 나는 어떻게 복귀할까를 고민하다 10년 전 알게 된 한 회장님의 카페를 찾아가 이렇게 제안했다.

3년 동안 커피 업계를 떠나 있었던 것은 내 자신에게도 타격이 컸다. 예전처럼 투자를 받으려 해도 인프라가 전혀 갖추어지지 않은 상태여서 힘들었고, 업계의 인맥들과도 연락이 아예 끊기거나 오랫동안 만나지 않아서 어떤 일도 연결하기가 쉽지 않았다. 그래서 이제는 할리스 커피처럼 내 자신이 브랜드를 만드는 것이 아니라 어느 정도 시스템을 갖추고 있는 회사에 들어가 그 브랜드를 키우는 방식으로 커피 업계에 복귀할 수밖에 없다는 결론을 내렸다.

'다른 사람의 회사에 들어가 시작한다는 것이 자존심은 상하지만, 이대로 무너져 아무 것도 아니게 되는 것이 더 자존심 상하는 일이야. 지금은 업계에 복귀하는 것이 우선이고, 하다 보면 분명 길이 보일거야. 이것이 최선의 선택이야.'

그래서 열심히 브랜드를 물색하다 청담동의 한 카페를 발견했다. 10년 전 그곳에 할리스 커피 매장을 열려고 한 적이 있었는데 서로 조건이 맞지 않아 성사되지 않았었다. 이제는 그곳에 다른 브랜드의 카페가 운영되고 있었다. 나는 그 카페의 주인이 누구인지 알고 있었기에 회장님을 찾아가 제안을 한 것이다. 그 카페 브랜드는 청담동과 역삼동 두 곳에서 운영되고 있었는데 장사가 잘 되고 있지는 않았다. 그런 상황이었기에 내 제안에 회장님도 크게 반겼다.

"잘됐군 그래. 그러잖아도 잘 안 돼서 고민이 많았는데 말이야. 본부장 자격으로 카페 사업 부문을 맡아줘."

"네 열심히 해 보겠습니다."

예전 같으면 남의 밑에 들어가 시작한다는 것을 생각지도 않았겠지만, 3년 동안의 시간은 내게 살아가는 지혜를 가르쳐 주었다. 그리고 이런 작은 기회들이 고맙게 느껴지기까지 했다.

나는 다음 날부터 출근해 의욕적으로 일했다. 아직 카페 사업을 하기에는 여러 가지가 미흡했지만, 하나하나 해결해 나가면 충분히 잘될 수 있을 거라 생각했다. 그런데 일주일도 채 되지 않았을 때 무언가 심상치 않다는 느낌을 받았다. 직원들이 오래 버티지 못하고 계속 그만두는 것이었다. 회장이 직원들의 일에 사사건건 참견을 하고 별것도 아닌 일을 가지고 마구 화를 내곤 했다. 예를 들면 내용도 아닌 업무일지의 형식을 꼬투리 잡아 문책을 하는 것이다.

나는 예전 할리스 커피 시절이 문득 떠올랐다. 그때 나나 일하는 직원들은 넉넉지는 않아도 커피의 한국 브랜드를 키운다는 목표의식 아래 똘똘 뭉쳤었고, 마음과 마음을 합쳐 일했다.

할리스 커피가 압구정에 매장을 열려고 했을 때의 일이다. 초기여서 매장 운영을 어떻게 하느냐가 향후 프랜차이즈의 활성화를 좌우했다. 그래서 믿을 만한 사람이 필요했지만 줄 수 있는 급여가 그리 많지 않아 고민을 하고 있었다. 그러던 중 하루는 정웅이와 함께 백화점에 명절 선물을 사러 갔는데 그곳에서 우연히 신세계에서 일할 때 내 밑에 있던 여직원을 만났다. 순간 나는 내가 찾고 있던 점장을 만난 것이라 생각했다. 그래서 반가워하며 말했다.

"야, 이게 얼마만이야? 정말 반갑다. 지금은 명절이니까 이틀 뒤에 만나서 얘기 좀 하자."

명절이 끝나자마자 나는 그 여직원을 만났다.

"신세계를 그만두고 지금은 할리스 커피 사업을 하고 있어. 스타벅스가 막 시작됐지만 그건 미국 브랜드잖아. 잘돼도 남의 나라에게 좋은 일 해 주는 거밖에 안 되잖아. 외화 계속 나가고 말이야. 그래서 내가 할리스 커피를 시작한 거야. 커피도 남의 나라 브랜드 커피를 마실 필요는 없잖아. 우리도 잘할 수 있는데. 너도 알듯이 나는 스타벅스에 가서 배워 오고 한동안 시장조사도 하면서 준비를 많이 했어. 그래서 할리스 커피가 잘되게 할 자신이 있어. 지금도 잘되려고 하고 있고. 투자하겠다는 사람들도 계속 줄을 서고 있으니까 앞으로 잘될 거야. 압구정에 본점을 오픈하는데 내 일처럼 해 줄 사람이 필요해. 좀 도와줘라. 아직은 살림이 넉넉지 못해서 돈을 많이 못 줘. 그리고 백화점은 한 달에 네 번 쉬지만 우리는 한 달에 두 번밖에 못 쉬어. 그런데 가맹점들도 하나둘씩 모이고 있으니까 잘되면 내가 너에게 여러 가지로 꼭 챙겨줄게. 네가 와서 일해 줬으면 좋겠다. 부탁한다.”

일주일 뒤 그 여직원은 현대백화점을 그만두고 할리스 커피에 합류했다. 나는 백화점에 훨씬 못 미치는 급여와 복지를 제공했지만, 언제나 진심을 다해 그 직원을 대했다. 직원들은 내가 하는 사업의 조력자들이기 때문에 그들이 없으면 결국 나도 내 사업을 꾸려나갈 수 없음이 당연했다.

아르바이트들도 마찬가지였다. 회사 홈페이지를 만들려 하는데 전문업체에 맡기면 비용이 만만치 않아서 고심을 하다 마침 미술을 전공한 아르바이트생이 있어 그에게 부탁을 했다.

“시간을 빼 줄 테니까 그 시간에 홈페이지를 좀 만들어 줘라. 알아보니 제작 비용이 비싸서 엄두가 안 난다. 그래도 홈페이지는 있어야 회사 홍보도 되고 소비자들과도 소통할 수 있으니 하나 있어야 할 것 같아."

이렇게 해서 홈페이지를 만들 수 있었다.

또 매장을 운영하는 데 있어서도 모두들 자기 일처럼 해 주었다. 50평짜리 압구정 본점의 경우 오전에 2명, 오후에 3명 정도가 근무를 해야 한다. 그런데 본점이 오픈되고 매장이 늘어나면서 새로운 매장의 직원들을 교육하는 인력이 달리기 시작했다. 그만큼의 인력을 보충해야 했지만 인건비 때문에 사람들을 한꺼번에 많이 늘릴 수도 없었다. 나나 직원들도 개발하는 데 바빠 교육에는 신경 쓸 여력이 없었다. 그러면 아르바이트생이 새로운 매장에 나가 일주일 정도 교육을 시켰다. 그럴 경우 본점의 인력이 하나 줄어들게 되는데, 만약 오후에 아르바이트 하는 사람이 교육을 나가면 오전에 아르바이트 하는 학생이 시간을 늘려 하루 종일 근무를 했다. 그것도 일주일 내내 아침 7시부터 저녁 11시까지 말이다.

또 한 번은 아르바이트생이 업무가 끝나고 열심히 조명을 만지고 있었다. 그래서 내가 뭐하는 거냐고 물었다. 그러자 "조명이 다른 곳을 비추고 있어서요. 책상에 조명이 맞아야 하는데 말이죠. 카페에서 조명도 굉장히 중요한 요소라고요."라고 대답을 했다. 그 순간 내 입가에는 미소가 저절로 떠올랐다. 세상에 어느 아르바이트생들이 이렇게 헌신적으로 일할 수 있을까.

돌이켜 보면, 할리스의 직원들이나 아르바이트생들은 고용인이 아니라 모두들 주인의식을 갖고 있는 사업의 주인들이었다. 나는 돈도 별로 없었고, 그래서 급여나 복지의 조건을 잘 해 주지도 못했지만 '대한민국의 토종 커피 브랜드를 다 같이 만들어 보자'고 항상 비전을 제시했고, 그리고 진심과 정성을 다해 그들을 대했다. 그리고 그들은 내가 아니라 할리스 커피를 위해 한마음 한뜻이 되어 자기 사업처럼 일했다.

나는 "도대체 1,500만 원 가지고 어떻게 커피 사업을 시작했어요? 그게 말이 돼요?"라는 질문을 많이 받는다. 그런데 모두들 타임머신을 타고 가서 할리스 커피 사업을 했을 때 함께 일했던 직원들과 아르바이트생들이 일하는 모습을 직접 참관할 수 있다면 내가 구구절절이 설명하지 않더라도 충분히 이해가 갈 것이다. 그것은 바로 사람의 힘이 있었기 때문에 가능했다.

돈을 주고 사람을 고용하는 입장에 있는 사람들은 종종 착각을 한다.

'돈을 주는데 왜 열심히 안 하는 거야. 돈 주니까 일하는 거잖아. 안 그러면 왜 일하겠어.'

물론 돈이 동기부여를 하는 데 있어 큰 역할을 하는 것이 사실이다. 그런데 결코 돈이 전부가 아니라는 것은 사람을 관리하는 데 있어 매우 중요한 사실이다. 더욱이 커피 사업은 철저히 서비스 산업에 속한다. 직원들의 연구실적과 실력에 따라 사업이 성공하는 것이 아니라 그들이 얼마나 매장 운영을 잘하고 고객들에게 친절하게 대하느냐에 따라 사업의 성패가 좌우된다. 그들의 마인드가 사업의 성공을 좌우한다는 말이다.

그런데 직원들이 한 달을 버티지 못한다는 것은, 내게는 사업이 성장하기 어려우며 미래가 없다는 것으로 보였다. 이것은 할리스 커피를 통해 경험으로 체득한 사실이기 때문에 의심의 여지가 없었다. 한 달 후, 나는 그곳을 그만두었다. 미래가 없는 곳에서 내 시간을 허비할 수 없었기 때문이다.

카페베네와의 만남

"이력서 보고 연락드립니다. 면접을 했으면 합니다."

첫 번째 선택이 잘못되었던 탓에 나는 신중하게 다른 곳을 찾다가 카페베네의 광고를 보고 그곳에 이력서를 냈는데, 바로 연락이 왔다. 그리고 카페베네의 김선권 사장님을 만났다.

"음, 보니까 할리스 커피의 본부장을 하셨다고요?"

"네."

할리스 커피를 내가 만들었다고 하면 회사에서 부담스러워 면접의 기회조차 안 줄 것 같아 본부장이라고 이력서를 냈던 것이다.

"솔직히 말씀드리면 지금 카페베네는 딜레마에 빠져 있어요. 4월 에 론칭을 해서 4개월 동안 2주에 한 번씩 신문광고를 냈어요. 조선일보, 중앙일보, 동아일보 이렇게 세 개 신문에요. 감자탕의 경우에는 메이저급 신문에 광고를 내면 바로 문의가 왔었는데 커피는 전혀 반응이 없네요. 몇 억 돈만 쏟아 부은 꼴입니다. 하다못해 천호점 본점 매출도 형편없고요. 그래서 새로운 방법으로 새롭게 해 줄 사람을 찾고 있었는데 이력서를 보니 아주 딱 맞는 분이라는 생각이 들더군요. 사실 지금 커피 시장이 포화상태잖아요. 그런 상태에서 우리가 뛰어들었으니 방법이 있기는 한 건지 의구심마저 듭니다. 기존의 방법으로는 답이 없을 거라는 생각이 들어요. 전문가의 입장에서 어떻게 하면 좋을지 의견을 말씀해 주셨으면 합니다."

"커피는 감자탕하고는 완전히 틀리다고 보셔야 합니다. 감자탕은 이미지보다는 맛이 중요하겠죠. 그러나 커피는 맛보다는 이미지가 훨씬 중요합니다. 사람들이 배가 고파서 커피를 마시는 것은 아니잖아요. 뭔가 여유로움을 즐기고 분위기를 만끽하고 싶어서 커피를 마시죠. 그러니 무조건 광고만 많이 한다고 해서 브랜드의 이미지가 올라간다거나 그 브랜드를 찾는 것은 아닙니다. 일단 이미지를 전달해 주는 것이 더 중요합니다. 그런 의미에서 본점이 천호동에 있다는 것은 첫 단추부터 잘못 끼우신 겁니다. 강남이나 압구정에 오픈을 하시는 게 여러모로 도움이 되죠."

"지역이 그렇게 중요한 겁니까?"

김 사장님은 감자탕으로 큰돈을 버셨기 때문에 감자탕과는 전혀 다른 커피 사업에 대해서는 이해가 잘 가지 않는 듯싶었다.

"네, 커피 사업에 있어서는 위치가 절대적으로 중요합니다. 이미지의 문제니까요. 그리고 커피 시장이 현재 포화상태이기는 하지만 우리나라는 아직까지 커피믹스를 많이 마시고 있기 때문에 원두커피 시장의 개발 여지가 충분히 있다고 생각합니다. 저는 3년 동안 쉬면서 엔터테인먼트 업계와 긴밀한 관계를 다져 놓았기 때문에 이 부분을 활용하면 충분히 승산의 여지가 있다고 생각합니다. 커피 브랜드 중에 연예인을 활용해서 적극적으로 마케팅을 펼치고 있는 곳이 아직까지 없는데요, 연예인을 연계해 새로운 마케팅을 전개하면 기존의 커피 브랜드가 확보하고 있는 시장까지 점유할 수 있다고 생각합니다."

"그렇다면 매장을 몇 개까지 오픈하실 수 있다고 보십니까?"

"제 생각에는 1년에 100개, 그 다음 2년째는 300개까지도 가능할 것 같습니다."

김 사장님의 얼굴에 순간적으로 놀라움이 스쳐지나가는 것을 볼 수 있었다.

"정말 가능하신 겁니까? 그렇게만 된다면야 뭘 바라겠어요."

"가능합니다."

나는 자신 있게 대답했다.

"그럼 같이 일해 봅시다. 나도 해 볼 수 있는 것은 다 해 봤으니, 이제부터 하자는 대로 한번 진행해 볼게요. 전적으로 맡아서 진행해 주세요."

이렇게 해서 나는 할리스 커피와 이별한 지 3년 만에 새롭게 카페베네를 만나게 되었다.

우리 팀은 나, 슈퍼바이저, 마케터, 생산 담당 두 명, 이렇게 다섯 명으로 구성되었다. 당시에는 천호동 본점과 군포 가맹점 한 개밖에 매장이 없었기 때문에 우리 다섯 명으로도 충분했다. 예전 할리스 커피 사업을 할 때 정웅이와 둘이서 뛰어다니던 것을 생각하면 조직의 규모만으로도 마음이 든든했다.

심지어 조직 구성 때문에 예전에 웃지 못할 일도 있었다.

3년 동안 비어 있던 매장에 할리스 커피 압구정 본점이 오픈되자 잇달아 역시 오랫동안 비어 있던 맞은편에 피자헛이 입점했다. 할리스 커피 압구정 본점의 장사가 잘되는 것을 보고 피자헛도 입점을 한 것이다. 이것을 보고 모 그룹의 회장이 할리스 커피를 누가 운영하는 것인지 알아보라고 지시를 내렸다고 한다. 직원들이 알아보니 나와 정웅이 둘이서 열심히 운영을 하고 있었던 것이다. 당시는 사업 초기로 그 그룹의 커피팀이 일곱 명 정도로 구성되었었는데, 한 개의 매장을 운영하고 있었다. 우리는 둘이서 운영을 하는데 그 팀은 한 개의 매장에 일곱 명이나 붙어서도 쩔쩔맨다는 이유로 전원 감원되는 불상사가 있었다고 한다.

결국 카페베네도 두 개의 매장에 다섯 명이 배치된 것이니 사업의 규모에 비해 거대조직이나 다름없었다. 이 다섯 명 중에 곽병철 부장이 있었는데 커피빈에서 일을 했기 때문에 나에 대해서 이미 잘 알고 있었다. 서로 커피 업계의 경력이 있었던 관계로 우리 둘은 금세 친해졌다. 곽 부장은 자신의 고충을 내게 털어놓았다.

"커피빈에서 일을 해 봤기 때문에 이 상태로 잘될 수 있을지 잘 모르겠어요. 이곳이 커피 사업을 처음 시작하는 거라서 매뉴얼이 전혀 안 잡혀 있어요. 희망이 안 보여요. 저도 맨땅에 헤딩하는 심정이고 힘들어서 그만둘까 생각 중입니다."

그러나 카페베네가 앞으로 커피 사업을 제대로 해 보기 위해서는 커피 업계의 경력이 있는 곽 부장의 도움이 절실히 필요했다. 그래서 한사코 만류했다.

"커피빈에 있었으니까 전부터 내 얘기 많이 들었을 거야. 그렇지?"

"사실 저도 많이 놀랐어요. 얘기만 들었지 직접 만나 본 적은 없잖아요. 할리스 팔았다는 얘기는 들었는데 그 뒤로 뭘 하시는지 우리는 전혀 몰랐어요. 3년 동안 소식이 전혀 안 들려서 커피는 안 하시나보다 했어요. 여기 이렇게 오셨을 때 얼마나 놀랐는지 몰라요. 그래도 성공한 경험이 있으시니 카페베네도 임자 만난 거죠."

"다들 감자탕에 경험이 있으신 분들이니 커피에 대해서 잘 모르는 것은 당연해. 그리고 단시간에 쉽게 바뀌지도 않을 거고. 일단 하나하나 바꿔 가려고 해. 새롭게 해보려는 것들도 있고. 나 혼자는 힘들 테니 곽 부장의 도움이 필요해. 나를 믿고 따라줬으면 좋겠어."

"그럼 계획하신 부분에 대해서 믿고 따를게요. 저도 마음 다잡고 한번 열심히 해 보겠습니다."

이렇게 해서 나는 드디어 날개를 활짝 펼칠 새로운 장으로 들어섰다. 이제 갈고닦은 경험을 발판 삼아 새롭게 도약할 일만 남아 있었다.

스타벅스보다 더 큰
토종 카페를 만들겠다

"메뉴도 바꾸고, 로고도 바꾸고, 인테리어 콘셉트도 바꾸어야 합니다. 하나하나 바꿔서 전체를 다 바꿔야 합니다."

카페베네에 합류해 커피 부문의 사업을 맡아 전두지휘하면서 나는 변화의 필요성을 절실히 느꼈다. 카페베네 사업은 발전 가능성이 많았지만, 아직은 기본조차 갖춰지지 않은 상태였다. 그러나 변화는 언제나 그 자체에 위험을 내포하고 있다. 한 번에 전체를 뒤집어엎는 것은 매우 위험한 행동이다. 점진적인 변화만이 위험을 최소화하면서 발전할 수 있는 최상의 길이다. 나는 김 사장님에게 계속해서 이 점을 강조하며 일종의 세뇌를 시켰다.

'나는 근 10년 동안 몸으로 부딪히고 고민해서 깨달은 사실인데 그것을 하루아침에 바꾸라고 하면 이해가 되겠어? 결과를 보여주면서 하나하나 바꾸어 나가는 방법밖에 없어. 할리스 커피 때는 스타벅스에서 배웠던 매뉴얼을 충실히 이행했었지만, 이제는 커피 시장도 포화상태에 이르렀으니 남들이 하지 않는 차별화된 전략을 구사해야 해.'

이것이 카페베네를 이끌어갈 내 기본적인 전략이었다.

나는 곽 부장과 함께 운영 매뉴얼과 메뉴부터 조정했다. 에스프레소 커피의 경우, 최고의 맛을 낼 수 있는 온도와 시간이 있다. 1샷 기준으로 커피머신에서 7~8g의 커피를 17~23초 동안 에스프레소 샷을 추출한 다음 10초 안에 물과 함께 섞는다. 만약 더 진한 맛을 내고자 할 경우 2샷을 섞어야 한다. 그런데 처음에 카페베네 매장에서 직원들이 커피를 뽑는 것을 가만히 지켜보니, 원칙을 전혀 지키지 않았다.

일례로, 카페라떼의 경우 에스프레소 커피 8g의 커피를 40초 동안 뽑아서 넣었다. 1샷을 넣을 경우 카페라떼가 연하기 때문에 커피를 더 진하게 하려는 목적으로 1샷의 뽑는 시간을 두 배로 늘리고 있었던 것이다. 2샷을 넣게 되면 커피 원가가 올라가니 커피 양을 줄이는 대신 추출 시간을 늘린 것이다. 또 아이스아메리카노의 경우, 컵에 물 붓기, 에스프레소 2샷 넣기, 얼음 넣기가 순서대로 이루어져야 한다. 그런데 직원은 얼음을 먼저 넣고 그 위에 에스프레소 1샷을 넣고 물을 넣었다. 그런데 에스프레소는 온도에 민감하기 때문에 얼음에 커피를 직접 부으면 맛이 써진다. 결국 아무리 좋은 원두, 커피 머신을 사용해도 만드는 과정에서 가장 이상적인 온도와 시간을 정확하게 맞추지 않는 이상 고객에게 최상의 향을 지닌 커피를 제공할 수 없다. 이것은 카페에서 지켜야 할 가장 기본적인 매뉴얼이었다. 그래서 나는 우선 이 과정부터 철저히 매뉴얼화했다.

다음으로 여러 가지 메뉴 중에서 와플을 전략상품으로 포지셔닝했다. 사실 카페들의 메뉴는 크게 차이가 나지 않는다. 한 곳에서 잘 팔리는 상품이 생기면 금세 여러 곳에서 판매를 하기 때문에 메뉴를 색다르게 하기는 쉽지가 않다. 스타벅스가 처음에 프라푸치노를 선보였을 때 고객들로부터 폭발적인 인기를 끌었지만, 얼마 지나지 않아 대부분의 카페에서 프라푸치노를 판매한 것이 그 대표적인 예다.

그런데 몇몇 브랜드는 고객들이 떠올리는 사이드 메뉴가 존재한다. 커피는 오히려 차별화가 안 되지만 커피와 함께 먹을 수 있는 사이드 메뉴의 경우에는 차별화가 가능한 것이다. 스타벅스의 경우 많은 고객들이 케이크를 떠올린다. 국내에 론칭할 때부터 고급품의 케이크를 선보였기 때문에 케이크가 고객들의 머릿속에 포지셔닝되어 있다. 탐앤탐스는 스타벅스와 차별화하여 다양한 브레드 상품을 선보였다. 두터운 식빵 위에 다양한 시럽을 얹어 판매하는데 특히 허니 브레드가 상당한 인기를 끌었다. 당시에 카페베네 매장에서는 와플을 판매하고 있었는데, 독특한 메뉴는 아니었다. 이미 여러 곳에서 판매를 하고 있었기 때문이다. 하지만 와플을 전략상품으로 포지셔

닝한 곳은 없었다. 그래서 와플을 전략상품으로 택하고 우선 조리법부터 바꿨다.

나는 김 사장님과 함께 직접 벨기에로 가서 정통 와플 조리법을 조사했다. 벨기에는 와플의 본고장이고, 정통 와플은 국내에서 팔고 있는 와플과는 조금이라도 다를 것이라 생각했기 때문이다. 우리는 정확한 조리법을 받아 한국에 와서 그 조리법 그대로 만들었다. 그리고 미리 만들어서 냉동시켜 놓았다가 데워서 고객들에게 제공하는 방식에서 정통 조리법으로 만든 반죽을 각 매장에 공급해 매장에서 직접 와플기에 구워 판매하는 방식으로 방법을 바꿨다. 냉동된 와플을 해동 후 구워서 판매하는 것보다는 반죽을 각 매장에 공급해 그 자리에서 바로 구워 고객들에게 제공하는 방식이 신선도나 맛의 품질에서 더 우수하기 때문이다. 매장이 늘어나면서는 하루에 한 번 오전에 각 매장으로 와플 반죽을 공급하고 있다.

또한 와플 기계를 전면으로 배치해 고객들이 직접 굽는 모습을 볼 수 있도록 해 시각적인 효과를 연출했으며, 와플 모형을 만들어 케이스 안에 전시해 놓음으로써 고객들에게 와플이 더 부각되도록 했다. 메뉴를 주문하기 위해 고객이 계산대 앞으로 오면 자연스럽게 와플 굽는 모습과 함께 전시된 와플을 볼 수 있어 고객은 이 메뉴를 인식하고 대표적인 메뉴라는 인상을 받게 된다. 그 결과 이제 고객들은 카페베네 하면 와플이라는 등식을 떠올리게 되었다. 이런 과정을 통해 와플은 카페베네의 전략상품으로 확실히 차별화되었다.

그리고 필요 이상으로 많던 메뉴를 정리해 간소화하고, 메뉴에 맞는 공급업체들을 새롭게 선정했다. 사업을 하는 데 비용을 줄이는 것은 매우 중요한 일이다. 그래서 큰 기업에서는 구매 부서를 별도로 둔다. 카페베네가 처음에는 매장이 두 개밖에 없었고, 감자탕 회사를 모체로 두고 있기 때문에 커피 등의 재료 구매에서 낭비되는 비용들이 컸다. 그렇다고 무조건 싼 가격의 저급 제품을 사용하는 것도 장기적으로는 사업에 도움이 되지 않는다. 따라서 구매를 할 때는 합리적인 구매, 즉 최상의 가격과 품질이 조화를 이루는 구매가 이루어져야 한다. 나는 할리스 커피 때 거래했던 업체들 중에서 장기적으로 우리와 거래하며 좋은 가격에 좋은 품질의 재료를 공급해 줄 수 있는 업체들로 거래처를 다시 구성했다.

다음 단계로 디자인 콘셉트를 잡고 일관성 있게 통일했다. 포스터, POP, 가격 표시 등을 통일시켰다. 사실 처음부터 이런 것들이 매뉴얼에 정리되어 있어야 했지만, 전체적인 디자인 콘셉트가 잡혀 있지 않았던 관계로 통일성이 없었다. 다행히 매장이 몇 개 되지 않아서 아직은 큰 문제가 되지 않았지만 향후 프랜차이즈 사업을 하기 위해서는 필수적인 요소였다.

로고도 다른 브랜드들과 큰 차이가 없이 동그란 로고에 '카페베네'라는 이름이 들어가 있으니 '커피빈'과 혼동하는 사람들이 많았다. 그래서 로고를 바꾸자고 제안했다. 그러나 회사에서는 처음에 이해를 하지 못했다.

"로고를 왜 바꿔야 해요? 지금도 나쁘지 않은데?"

"일단 카페베네보다는 커피빈의 인지도가 훨씬 높은데요, 카페베네라고 글자가 붙어 있다 보니 커피빈으로 착각하는 사람도 있고, 커피빈의 짝퉁이라고 생각하는 사람들도 있어요. 그러니 카페와 베네를 구분해서 다른 브랜드들과 차별화할 필요가 있습니다. 예를 들면, 카페는 필기체로 하고 베네는 고딕체로 하는 겁니다."

이런 식으로 설명을 하면 그제야 설득이 되었다.

하나를 해결하고 나면 나는 그 다음 단계를 또 제안했다.

"글씨체가 바뀌면 로고도 바뀔 필요가 있습니다. 지금 로고는 커피 브랜드들에서 일반적으로 보이는 형태입니다."

"그럼 어떻게 해야 할까요?"

"BI 디자인을 전문적으로 하는 업체들이 많으니, 전문업체에 맡기는 것이 가장 좋습니다."

"내부에도 그래픽 디자이너가 있는데 굳이 돈 주고 해야 할 필요가 있나요?"

나는 앞으로 프랜차이즈 사업을 제대로 하기 위해서는 기본을 탄탄하게 다져놔야 한다고 생각했고, 스타벅스를 넘어서는 브랜드로 키우기 위해서는 각 분야 전문가들의 손길을 거쳐야 한다고 판단했다. 그래서 설득하는 작업에 심혈을 기울였다.

"BI와 CI도 그 분야의 전문가들이 있습니다. 그리고 제 경우도 제가 커피 분야의 전문가이기 때문에 영입을 하신 거죠. 사장님께서는 프랜차이즈로 성공을 하셨고 그 분야의 전문가이시지 않습니까? 그러면 저를 쓰시지 않아도 커피 사업을 성공적으로 이끄셨을 겁니다. 그런데 막상 해 보시니 커피 분야는 다른 외식업과는 또 다르죠. 그것은 그 분야를 정확하게는 알지 못하기 때문입니다. 그 분야의 전문가들은 디테일한 부분까지 파악하고 있기 때문에 다른 사람들과는 확실히 다르게 결과를 낼 수 있죠. 로고도 전문가를 쓰면 우리가 생각지 못한 부분을 짚어내기 때문에 확실히 다를 겁니다. 그래서 그들에게 돈을 주는 거고요."

"그럼 일단 몇 개 업체를 선정해서 프레젠테이션을 보고 결정하죠."

제안하고 그것을 설명하고 설득하는 데 3개월의 시간이 걸렸다. 그러나 막상 전문업체로부터 시안을 받아 보니 결과는 확연히 틀린 것이 사실이었다. 누가 봐도 예전의 로고에 비해 새로운 로고가 훨씬 세련돼 보였다. 그래서 결국 처음의 로고와는 다른 지금의 카페 베네 로고가 탄생했다.

그런데 로고가 바뀌니 그에 맞게 매장 인테리어 콘셉트도 바뀔 필요가 있었다. 예전에는 커피빈이나 스타벅스, 할리스 커피의 인테리어가 심플하면서도 고급스럽고 세련된 느낌을 주었다. 그런데 이런 매장들이 점점 늘어나고 또 이 브랜드들의 인테리어를 따라하는 개인 커피 전문점들이 우후죽순처럼 생겨나자 그 새로움이 식상함으로 바뀌고 있었다. 그래서 나는 다시 제안을 했다.

"소비자들은 계속해서 더 좋은 것, 새로운 것을 원합니다. 우리는 후발주자이기 때문에 그만큼 더 세련되고 고급스러운 인테리어 콘셉트가 필요합니다. 똑같이 하면 차별화된 느낌을 전달할 수 없습니다. 디초콜렛을 보세요. 다른 커피 브랜드보다 늦게 시작했지만 기존 브랜드들과 인테리어 컨셉을 차별화해서 잘되고 있지 않습니까?"

"디초콜렛이요? 이전에 시장조사를 할 때 디초콜렛도 돌아봤었는데 별로 모르겠던데? 그게 세련된 건가요? 오히려 다른 브랜드들이 더 나아보이던데요."

나는 여기서 감자탕과 커피 사업의 차이점을 다시 한 번 느꼈다. 그러나 물러설 수는 없었다. 나는 커피 분야에서는 전문가이므로 비전문가들을 설득시킬 필요가 있었다.

"아닙니다. 요즘 커피를 좋아하고 또 소위 감각 있는 사람들은 대부분 디초콜렛을 찾고 있어요. 왜 그럴까요? 감각이 그들을 끌어당기기 때문이죠. 저희도 인테리어 콘셉트부터 다시 잡아야 합니다. 카페베네는 본사에서 인테리어를 정하면 인테리어 업체가 그에 맞게 인테리어를 진행하고 있는데, 사실 그것은 시공이지 엄밀히 말해 인테리어라고 말하기는 힘듭니다."

"그럼 어떻게 해야 한다는 말이죠?"

"인테리어도 전문업체에 맡겨야 합니다. 인테리어 콘셉트부터 잡아 줄 전문업체가 필요합니다."

이렇게 해서 또 전문 인테리어 업체를 고용해 인테리어 콘셉트부터 바꾸기 시작했다. 이때 나는 다시 여러 가지를 지적했다.

"이제 전문업체에 맡겼으니 인테리어를 할 때 '감 놔라 대추 놔라' 하고 간섭을 하면 안 됩니다. 저도 예전에 할리스 커피 인테리어를 할 때 제가 일일이 참견하고 제 의견을 반영했었는데요, 그건 절대 잘하는 행동이 아닙니다. 비싼 비용을 지불하고 전문가를 쓰는 이유는 그들의 경력과 아이디어에 돈을 지불하는 것과 마찬가지입니다. 그런데 우리가 일일이 참견을 하면 죽도 밥도 안 되는 결과만 초래할 겁니다. 전문가들에게 전적으로 맡겨야 합니다."

그리고 나는 한 발 더 나아가 매장에 대해 지적했다.

"카페베네 본점의 위치도 바꾸어야 합니다. 지금 천호동에 있는데, 커피 브랜드로서는 전략을 크게 잘못 세운 겁니다."

"그럼 어디로 가야 한다는 겁니까?"

"일단 강남 쪽으로 진출해야 합니다. 전에도 제가 누누이 말씀드렸지만, 커피 사업은 이미지와 서비스를 파는 장사입니다. 스타벅스를 보세요. 스스로 자신들은 커피를 파는 것이 아니라 문화를 판다고 말하지 않습니까. 거기에 커피 사업의 본질이 있습니다. 그러니 고급스런 이미지를 구축하는 데 전력을 기울여야 합니다. 강남 중에서도 압구정으로 들어가야 합니다. 강남보다 한 단계 더 고급스러운 곳이 압구정이니까요."

"압구정이요? 압구정에 매장을 열려면 자금이 상당히 많이 들 텐데. 그건 아니라고 봅니다. 거기에 하나의 매장을 여느니 다른 지역에 열 개를 여는 게 나아요."

"절대 그렇지 않습니다. 다른 곳에 열 개의 매장을 열어도 그 효과가 압구정에 한 개의 매장을 여는 것보다 훨씬 떨어질 테니까요. 커피 프랜차이즈의 고객은 두 분야로 나눌 수 있습니다. 고객만 커피 사업의 대상이 아닙니다. 가맹점주들이 우리의 큰 고객들이죠. 우리는 그들에게 그럴싸한 매장을 선보여야 합니다. 다른 지역에 작은 매장 여러 개 있는 것과 압구정에 대형 매장 하나 있는 것 중 어떤 것이 더 가맹점주들에게 신뢰를 줄 수 있을까요?"

사람들은 내 말을 듣더니 곰곰이 생각하는 눈치였다. 그러나 내 논리는 이치에 정확하게 들어맞는 말들이었다. 결국 김 사장님도 내 의견에 동의하시기에 이르렀다.

"지금까지 여기 오셔서 여러 가지를 진행하셨지만 한 번도 틀린 적은 없었던 점, 저도 인정합니다. 이번에도 믿고 따라 보죠. 압구정에 매장을 오픈해 봅시다."

일단 3개월 동안의 내 설득작업과 노력은 조금씩 인정을 받기 시작했다. 그리고 서서히 변화와 성공의 기류가 흐르기 시작했다. 그러나 내 논리와 설득이 통할 수 있었던 것은 입사한 지 2개월 만에 이루어 낸 커다란 성과가 그 뒤에 자리하고 있었기 때문이다.

글로벌 기업 아라코와 손잡다

"형이 요즘에 카페베네에 몸담고 있는데, 네가 아라코에 우리 브랜드를 꼭 넣어줬으면 좋겠어. 진심으로 부탁한다."

카페베네에 들어간 지 두 달쯤 되었을 때 나는 카페베네의 내부상황을 전부 파악하게 되었다. 이제부터는 내가 그린 큰 그림에 따라 진행할 순서였다. 나는 우선 카페베네를 외부와 연결하기로 계획하고 아라코라는 단체급식 회사의 실무 팀장으로 있는 후배를 찾아가 부탁했다. 이 친구는 신세계 스타벅스 추진팀에서 함께 일했던 후배로 스타벅스를 그만두고 네스카페와 CJ를 거쳐 아라코의 팀장으로 일하고 있었다.

나는 그간의 내 상황을 모두 설명하고 아라코와 반드시 연결해야 하는 내 입장을 강조했다.

"할리스 커피를 팔고 다른 일을 해볼까 하고 여러 가지를 손댔는데 생각대로 만큼 풀리지가 않더라. 그래서 다시 커피 업계로 복귀하기로 결정하고 알아보다가 카페베네에 합류하게 됐어. 아직은 매장도 몇 개 없고 미흡한 점도 많지만 할리스 커피를 해본 경험에 비추어 보면 앞으로 크게 성장할 잠재력이 다분해. 큰 그림은 이미 그려 놨는데 그 다음 단계로 진행되려면 반드시 큰 업체와 손을 잡아야 해. 네가 팀장이니까 우리가 선정되도록 도와줘. 카페베네 좀 밀어줘라."

아라코는 아라마크라는 세계에서 가장 큰 단체급식회사의 한국지사다. 주로 학교, 병원 등 공공기관의 급식을 담당하는데 아라코도 국내 300여 곳의 급식을 담당하고 있었다. 아라마크의 경우는 스타벅스와 자바시티가 커피 브랜드로 들어가 있는데, 아라코는 아직 커피 브랜드를 넣지 않은 상황이어서 국내 커피 브랜드를 찾고 있었다. 아라코도 미국 본사처럼 스타벅스와 자바시티를 유력한 후보로 꼽고 있었는데, 그중 자바시티가 적극적으로 영업을 하고 있던 상황이었다.

후배는 내 말을 듣고 약간 난처해했다. 그도 그럴 것이 카페베네는 스타벅스, 자바시티와 비교하면 인지도나 규모 면에서 상대가 되지 않았다. 아라코도 커피 브랜드를 선정하면 미국 본사에 보고를 해야 하는 입장인데 단순히 친분이 있다는 이유만으로 선정을 한다는 것은 상식적으로도 말이 되지 않았다. 나는 비장의 무기로 싸이더스 패를 꺼내 들었다.

"너 싸이더스라고 알지? 국내 최대 매니지먼트사 말이야. 우리가 지금 싸이더스랑 얘기를 진행 중인데 앞으로 사업을 같이 하게 될 것 같아. 다른 커피 브랜드들과 차별화하기 위해 내가 연예인과 연계해서 마케팅을 할 계획이거든. 이 부분은 그리 어렵지 않게 진행될 것 같아. 그리고 싸이더스에 한류스타들이 많이 소속되어 있으니까 향후 동남아나 해외로 카페베네가 진출하는 데 크게 도움이 될 거야."

싸이더스 얘기는 확실히 효력을 발휘했다. 후배의 마음이 바뀌었음을 확연히 느낄 수 있었다.

후배는 회사에 가서 내 이야기와 자신의 생각을 섞어 가며 열심히 관계자들을 설득했다.

"강훈 본부장님은 원래 신세계 스타벅스 추진팀에서 일하다 독립해서 할리스 커피를 만든 사람입니다. 스타벅스 본사에 가서 교육도 받고 스타벅스의 매뉴얼을 제대로 배워 왔죠. 그리고 할리스 커피를 성공적으로 키워서 플래너스 엔터테인먼트 쪽에 팔았습니다. 지금은 카페베네라는 커피 브랜드를 새롭게 진행하고 있는데, 이곳은 현재 싸이더스 측과 손잡고 향후 사업을 함께 할 계획이라고 합니다. 앞으로 한류 마케팅을 활용해 동남아와 해외로 진출할 계획을 갖고 있고요."

만약 아라코가 순수 국내 기업이었다면 카페베네는 절대로 선정되지 못했을 것이다. 인지도도 없고 자산 규모도 작은, 한마디로 자격 미달의 브랜드였으니 말이다. 그럼에도 불구하고 카페베네는 결국 아라코의 커피 사업권을 따내는 쾌거를 이루었다. 그들에게 우리는 외형은 보잘것없어도 크게 성장할 잠재력을 갖고 있는 회사로 인식되었기 때문이다.

나는 누구보다도 애국심이 강하다고 자부하지만, 솔직히 우리나라 사람들과 외국인들을 비교해 보면 외국인들이 훨씬 합리적이라고 생각하며 그 점이 매우 부럽다. 만약 아라코가 외국계 대기업이아니라 한국계 대기업이었다면 카페베네 선정은 상상도 하기 어려운 일이었을 것이다. 미국 사람들은 사업을 할 때 외형과 겉치레보다는 실리와 실익을 따진다. 신세계가 스타벅스 사업권을 딸 수 있었던 것도 같은 맥락이다. 당시 온갖 대기업들이 모두 오퍼를 했지만, 결국 신세계가 사업권을 따냈다. 그것은 신세계가 유통업체이기 때문에 커피 사업을 누구보다 잘 할 수 있으며, 빠르게 성장할 수 있을 거라는 계산과 합리성이 밑바탕에 깔려 있었던 것이다.

요즘 '미국 몰락론'이 부상하면서 이제 중국이 세계를 지배할 거라는 관측이 우세하다. 물론 나도 미국이 예전만큼의 위상을 누리지는 못할 것이며 중국이 크게 부상할 것이라고 생각한다. 그러나 의식적인 면을 살펴보면 중국이 세계를 지배하기에는 아직 많이 미흡하다는 생각이 든다. 우리나라나 중국은 의식적인 면에서 합리적이지 못한 부분이 분명히 존재한다. 학연과 지연에 얽매이고 체면을 중시하는데, 이것이 사업에도 그대로 반영된다. 반면, 미국은 실익을 따지고 합리성을 중시한다. 이러한 전통은 하루아침에 바뀔 수 있는 것도 아니고, 큰일을 하거나 조직을 이끄는 데 있어서는 합리성이 더 도움이 되는 것이 사실이다. 나 또한 사업을 하면서 혹시나 학연이나 지연, 체면 때문에 잘못된 판단을 내리지는 않는지 항상 주의하고 합리적인 사고를 하려고 노력하는 편이다.

결국 이러한 합리성 덕분에 카페베네는 행운을 얻게 되었고, 이 기회가 발판이 되어 향후 사업은 순조롭게 뻗어나갈 수 있었다. 우리는 아라코를 통해 매장을 계속해서 늘려가고 있고, 특히 병원, 대학, 기업과 같은 특수 상권에 입점하고 있다.

우리가 아라코에 선정되었다는 소식에 회사는 그야말로 축제 분위기였다. 김 사장님 또한 몹시 놀라는 눈치였다. 커피 업계의 공룡들을 물리치고 도롱뇽 수준인 우리가 글로벌 기업의 낙점을 받았으니 누가 놀라지 않겠는가?

이 성과를 계기로 김 사장님을 비롯한 회사 사람들의 나에 대한 인식이 달라졌음을 느낄 수 있었다. 내가 그 이후로 카페베네의 모든 것을 하나씩 바꾸어 갈 수 있었던 것도 이러한 성과가 뒷받침이 되었기 때문이다. 그러나 전체를 바꾸기 위해서는 앞으로 가야 할 길이 여전히 멀고도 험했다.

싸이더스라는
비장의 무기를 얻다

"할리스 커피는 내가 진짜 전 사장 믿고 매각했는데 말이지, 그렇게 나만 달랑 남겨 놓고 가면 어떡해. 내가 누구 믿고 계약했었는지 잘 알잖아. 그 뒤로 좀 쉬다가 다시 카페베네라는 커피 업체에 몸담고 있어. 앞으로는 도망가지 않고 도와줄 거라 믿어. 하하."

할리스 커피를 매각할 때 플래너스와 한참 동안 씨름을 하다 전용주 상무의 "잘할 수 있도록 최선을 다하겠다"라는 한마디만 믿고 계약을 진행했었다. 그런데 막상 할리스 커피를 플래너스에 팔고 나서 몇 달 뒤에 그가 다른 곳으로 자리를 옮기는 바람에 결국 나도 1년 만에 할리스 커피를 그만두었다. 그 뒤로 3년 동안 연락 없이 지내다가 카페베네를 시작하면서 다시 만났을 때 나는 농담 반 진담 반을 섞어 말했다.

그의 대답은 그의 쿨한 성격만큼이나 시원스러웠다.

"나는 강 사장한테 평생에 걸쳐 A/S 해줘야 해. 할리스 커피 때는 내가 끝까지 책임져 주지 못했으니까 앞으로 하는 일은 최대한 도와 줄게."

그는 플래너스 엔터테인먼트를 나와 CU미디어의 사장이 되어 있었다. '1년에 100개, 그 다음 2년째는 300개'라는 큰 그림이 현실화되기 위해서는 전용주 사장과 같은 능력 있는 사람들이 내게는 절실히 필요했다. 그런데 그가 이렇게 긍정적인 대답을 해 주자 나는 내심 든든함을 느꼈다.

그 뒤로 전용주 사장은 자주 카페베네 매장으로 놀러 왔다. 그러던 중 카페베네의 CF 제작 건으로 나는 전용주 사장에게 부탁을 했다.

"요즘 우리가 내부적으로 BI도 바꾸고 있고, 앞으로 인테리어도 콘셉트에 맞게 싹 바꿀 예정이야. CF 모델도 바꿔야 할 것 같은데, 적당한 모델을 좀 알아봐 줘. 내년 3월쯤에는 대대적으로 방송에 CF를 내보낼 계획이야. 제작사도 좀 소개시켜 주고."

"그거야 뭐 어렵나. 내 전공이지. 한번 알아볼게."

전용주 사장은 이 일 때문에 싸이더스의 정훈탁 사장에게 내 이야기를 했다.

"강훈 사장 알지? 요즘 새롭게 카페베네 커피 사업을 하고 있나 봐. 내년 3월쯤에 방송 CF를 하려고 하는데 모델 좀 소개시켜 달라고 하네."

정훈탁 사장은 바로 내게 전화를 했다.

"오랜만입니다. 전용주 사장과 술 마시다가 강훈 사장 새롭게 커피 사업 한다고 들었습니다. 좋은 일 있으면 혼자 하지 말고 같이 해야죠. 광고 모델 찾고 있다고 들었습니다."

정훈탁 사장과는 플래너스 엔터테인먼트를 통해 예전부터 아는 사이였다. 싸이더스는 독립하기 전 플래너스 엔터테인먼트의 계열사였고, 나 또한 계열사의 사장이었기에 약간의 친분이 있었는데 전용주 사장을 통해 본격적으로 연결될 수 있었다.

"정 사장님이라면 무슨 일이든 같이 해야죠. 저도 당연히 좋습니다. 젊은 사람들에게 어필할 만한 모델로 추천 좀 해주세요. 그래도 커피 사업이니 세련된 느낌을 주는 것이 중요하잖아요."

"그렇죠. 정우성 어때요? 세련되고 깔끔한 이미지 아닙니까?"

나는 '정우성 정도면 더 이상 뭘 바라겠어'라고 생각했다. 그래서 긍정적으로 대답했다.

"그렇죠. 그럼 한번 만나 뵙고 얘기를 본격적으로 나눠 보도록 하죠."

얼마 지나지 않아 강남구청에 있는 카페베네 매장으로 정훈탁 사장이 찾아왔다.

"이렇게 다시 보니 좋네요. 강 사장이 다시 커피 사업 한다고 전용주 사장한테 듣고 관심이 가더라고요."

"그동안 좀 쉬면서 다른 일을 해 볼까 생각도 했었는데, 그래도 커피만 한 아이템이 없더라고요. 그래서 카페베네에 들어와 다시 커피 사업을 하게 되었습니다. 저희가 현재 매장이 많지는 않은데 앞으로 압구정에 본점을 열 계획입니다. 그렇게 되면 매장이 더 많이 생길 수 있을 거예요. 압구정 본점 매장을 열면서 방송 CF도 할 계획인데, 모델도 바꿔야 해서 부탁을 드린 겁니다."

"그래요? 그럼 압구정 매장에 정우성 방을 하나 만들어 주시면 좋을 것 같은데. 사무실도 하나 내주시고."

정훈탁 사장이 건의했다.

"그 정도야 뭐 어렵겠습니까? 이왕이면 방을 밖에서 보이도록 하면 좋을 듯합니다. 압구정이고 하니 사람들이 연예인 볼 수 있다고 하면 더 많이 올 테니까요. 홍보 효과도 클 겁니다."

"그럼 좋아요. 한번 진행해 봅시다."

정훈탁 사장이 흔쾌히 말했다.

나는 나아가 한 가지를 더 제안했다.

"솔직히 말씀드리면 카페베네가 시작한 지 얼마 안 되고 매장도 많지 않다 보니 브랜드 인지도가 많이 약합니다. 이번에 모델을 바꾸는 이유도 젊은 사람들에게 어필하기 위해서입니다. 현재 이미지 제고를 위해서 BI도 바꾸고 인테리어도 앞으로 새롭게 바뀔 예정입니다. 앞으로 카페베네의 이미지는 상당히 젊어질 겁니다. 제가 쉬면서 엔터테인먼트 쪽에 잠깐 몸을 담았었는데 그때 연예인 파워를 실감했습니다. 싸이더스는 우리나라 제일의 연예인 에이전시이니 저희가 싸이더스와 손잡고 사업을 진행하면 카페베네의 이름을 단시간에 알리고 이미지 제고에도 큰 도움이 될 것 같습니다."

"서로 도와서 잘될 수 있으면 당연히 그렇게 해야죠. 커피와 연예사업은 서로 궁합이 맞는 부분도 있고요. 어떻게 합작을 할지 구상을 해 보죠."

이렇게 해서 정훈탁 사장과 나는 의기투합해 사업을 키우기로 합의했다.

이제는 카페베네의 김 사장님을 설득할 일만 남아 있었다. 나는 김 사장님께 상황을 설명했다.

"사장님, 2년 안에 300개의 매장으로 확대하기 위해서는 카페베네의 강점과 약점을 철저히 분석해야 합니다. 현재 저희는 브랜드 컨셉도 그렇고 브랜드 파워도 너무 약한 상태입니다. 또 시장 상황을 보면 커피 브랜드가 포화상태에 다다른 상황이어서 경쟁은 치열하고요."

"그래서 다각도로 방법을 강구하고 있는 거지요."

"우선 이미지를 바꾸는 데 총력을 기울여야 합니다. 이미지는 두가지 방면으로 나누어 생각해 볼 수 있습니다. 하나는 고객들에게 좋은 이미지를 심어주어야 하고, 또 하나는 가맹점주들에게 신뢰를 줘야 한다는 것입니다. 우리 브랜드의 인지도를 높이기 위해서는 가맹점을 많이 모집하는 것이 무엇보다 중요하니까요. 그럼 사업적인 이미지 개선도 반드시 필요합니다."

"그렇죠. 좋은 방법이 있습니까?"

"싸이더스라고 아시나요?"

"싸이더스요? 들어는 봤는데 잘은 모르겠는데……."

"국내 최고의 연예인 에이전시입니다. 싸이더스의 정훈탁 사장을 예전 할리스 커피 사업할 때부터 알고 있어 어제 만났습니다. 앞으로 광고도 해야 하니까 모델도 알아볼 겸 해서요. 정훈탁 사장이 엔터테인먼트 비즈니스에 있어서는 최고의 전문가이니 싸이더스와 손을 잡고 연예인 마케팅을 활용하면 '매출'과 '신뢰'라는 두 마리의 토끼를 동시에 잡을 수 있습니다. 일단 싸이더스 정 사장님과 식사를 하면서 얘기를 나눠보시면 좋을 것 같습니다."

얼마 후 정훈탁 사장, 카페베네의 김 사장님, 나, 이렇게 셋이 저녁 식사를 하면서 사업적인 얘기가 오갔고 서로 연계해서 커피 사업을 진행해 보기로 결론을 얻었다.

이로써 커피 사업에 엔터테인먼트 사업을 접목해 다른 커피 브랜드들과는 차별화하겠다는 내 계획은 날개를 달게 되었다.

"도대체 커피 사업과 싸이더스가 무슨 관계가 있습니까? 굳이 로열티까지 주면서 꼭 그들과 해야 합니까?"

김 사장님도 정훈탁 사장을 만나고 카페베네와 싸이더스가 손잡고 함께 사업을 하는 데 동의했지만, 진짜 복병은 회사 내부에 있었다.

임원들이 싸이더스에 로열티를 주는 것에 반대하고 나섰던 것이다. 우리는 싸이더스의 브랜드를 쓰는 조건으로 로열티를 주기로 했지만, 회사의 임원들은 이러한 연계가 전혀 이해가 가지 않는다고 반발했다.

그러나 내 생각으로는 싸이더스와의 연계는 카페베네에게 하나의 병기(兵器)와도 같았다. 후발 주자인 우리가 치열한 경쟁을 뚫고 나가기 위해서는 남들은 갖고 있지 못한 비장의 무기를 들고 싸우는 수밖에 없었다. 그런 이유로 나는 한 발짝도 물러설 수 없었다. 다른 브랜드들과의 전투에서 승리하기 이전에 나는 내부적인 승리를 다져야 했다. 그래서 나는 오히려 강수를 두었다.

"로열티도 주고 지분도 줍시다."

로열티도 반대하는 마당에 지분까지 주자고 하니 모두들 놀라는 눈치였다. 나는 이유를 차근차근 설명했다.

"냉정하게 생각해 보죠. 근 4개월에 걸쳐 신문에 대대적으로 광고를 했습니다. 그래서 효과가 있었나요? 그런데 그 실패 원인이 제게는 분명하게 보입니다. 커피 사업은 이미지가 무엇보다 중요합니다. 카페베네의 보이는 이미지가 확 끌어당기지를 않는데 수억을 들여 신문광고만 내보내면 무슨 효과가 있겠습니까? 그 돈을 우리의 이미지를 바꾸는 데 쏟아부어야 합니다.

요즘 기업들이 왜 큰돈을 쓰면서 연예인들을 활용할까요? 홍보효과가 크기 때문입니다. 예를 들면, 드라마에 누가 뭐를 입고 나왔다,

뭐를 들고 나왔다 하면 그 제품은 없어서 못 팔 정도입니다. 예전에 드라마에서 주인공이 BMW 자전거를 탔는데, 그 뒤로 그 비싼 제품이 불티나게 팔렸다고 하더군요. 미디어의 위력은 절대 무시할 수 없습니다. 그래서 연예인을 잘 활용하는 것은 마케팅에 직접적으로 영향을 미칩니다. 문제는 그들의 몸값이 결코 싸지 않다는 것입니다. 더욱이 인맥이 없으면 유명 연예인들과도 접촉하기 쉽지 않습니다.

그런데 싸이더스가 어떤 회사인가요? 우리나라 최고의 연예인 에이전시입니다. 그들이 적극적으로 우리 일에 참여하게 하기 위해서는 대가를 지불해야 합니다. 그 대가가 바로 로열티입니다. 나아가 지분을 주어서 자신의 일처럼 하도록 만들어야 합니다. 마케팅 제휴만으로는 우리가 원하는 효과를 얻을 수 없습니다.

일례로 촬영장소를 제공한다고 하죠. 아직은 카페베네가 유명 브랜드도 아닌데 우리가 제작사에 우리한테 와서 촬영을 해달라고 하면 와 줄까요? 그들은 우리가 자기들을 통해서 홍보를 한다고 생각해 오히려 우리에게 협찬비 등의 돈을 요구할 수도 있습니다. 그러나 싸이더스와 손을 잡으면 이러한 여러 가지 문제가 저절로 해결될 수 있습니다. 그러니 그들에게 로열티든 지분이든 대가를 주는 것은 결코 아까운 일이 아닙니다. 그리고 만약 정훈탁 사장과 아는 사이가 아니었다면 이러한 이야기도 오고가기가 힘들었을 것입니다.

또 싸이더스의 이름을 빌리는 것은 카페베네의 대외적인 이미지에도 크게 도움이 됩니다. 감자탕 회사에서 커피 사업을 하는 것과 연예인 에이전시에서 커피 사업을 하는 것 중 어떤 것이 더 그럴싸한가요? 어떤 쪽이 가맹점주들을 더 끌어당길 수 있을까요?

싸이더스가 우리의 주주로 참여하게 됨으로써 우리는 얻는 것이 너무나 많습니다. 홍보효과, 대외적인 이미지, 신뢰도에서 크게 도움을 받을 수 있기 때문에 매출 증대로도 연결될 것입니다. 왜 훌륭한 패가 앞에 놓여 있는데 기존의 패를 들고 그것을 포기하겠다고 하시는 겁니까?"

당시 카페베네의 상황에서 변화는 선택이 아닌 필연이었다. 변화하지 않는 한 미래는 없었고, 남들과 똑같이 하는 한 성공은 없었다. 결국 내 장황한 설득은 사람들의 동의를 끌어냈고, 이로써 우리는 싸이더스라는 훌륭한 파트너를 얻었다. 우리는 싸이더스에게 5퍼센트의 지분과 로열티를 주기로 합의했다.

많이 가진 사람들, 즉 기득권층에게 변화는 언제나 파괴를 의미하는 것처럼 들리는 듯하다. 새로운 변화가 자신들이 가진 많은 것을 빼앗는 도구처럼 보이기 때문일 것이다. 그러나 모든 것은 주기를 겪게 마련이다. 전성기를 누린 뒤에는 필연적으로 쇠퇴기를 맞이한다. 커피 시장도 마찬가지다. 2000년대 초반만 해도 스타벅스, 커피빈 등은 신선한 리더였다. 새로운 메뉴, 새로운 인테리어, 새로운 문화를 전파하는 세련되고 신선한 선구자였다. 그러나 지금 스타벅스나 커피빈을 신선하다고 생각하는 사람은 아무도 없을 것이다. 고객들은 오히려 구식이라는 느낌을 받을 것이다. 그동안 수많은 브랜드들이 그들을 따라했고, 더 나아가 그들의 장점에 더 좋은 것을 보태면서 또다시 수많은 브랜드들이 나타났다. 더욱이 커피 사업은 패션 사업처럼 유행을 따라 진화해야 하고 시대에 따라 세련되어져야만 한다. 그러니 커피 사업에 있어 변화는 선택이 아닌 필수일 수밖에 없다.

태양이 지지 않을 것처럼 보이던 스타벅스 왕국에 이는 변화의 물결도 이 사실을 극명하게 보여주는 하나의 사례다. 매출 감소로 하워드 슐츠 회장이 경영에 복귀했고, 테이크아웃 커피라는 콘셉트로 스타벅스가 스타가 되는 데 일등공신의 역할을 했던 종이컵이 이제는 도리어 환경오염의 주범이라는 골칫거리가 되어 그들은 어떻게 하면 종이컵을 줄일 수 있을까를 연구하고 있다. 그리고 카페라는 한정된 공간을 넘어 슈퍼나 유통점에 자신들의 커피를 내보내기 시작했다. 고급 커피를 판다는 것으로 자존심을 내세우던 그들이 말이다. 그들은 변화하지 않는 한 생존은 없다는 사실을 매출을 통해 혹독하게 깨달았기 때문에 변화하려 노력하고 있다.

사업을 하면서 느끼는 것이 하나 있다. '성공을 오래 유지하려면, 혹은 더 큰 성공을 하고 싶다면 그 자리를 뺏기기 전에 끊임없이 변화해야 한다'는 것이다. 고인 물이 썩는다는 사실은 그 누구도 바꿀 수 없는 진리이며, 큰 성공을 꿈꾸는 사람들이라면 결코 잊어서는 안 될 하나의 경고이기도 하다.

화룡점정, 마지막 점 하나로
성공의 틀을 완성하다

"한예슬 어때요? 세련되고 도회적이잖아요."

싸이더스와 함께 합작으로 사업을 진행하기로 합의를 한 뒤 일사 천리로 일이 진행되기 시작했다. 처음에 싸이더스에서 정우성을 모델로 연결해 주기로 했었지만 정우성의 거절로 성사되지 못했다. 정훈탁 사장은 이번에는 한예슬을 추천했다.

처음에는 이런 생각이 들었다.

'카페의 주 고객은 여성이니 모델은 남자를 쓰는 게 나을 듯싶은데. 여자 모델은 오히려 반감을 주지 않을까?'

그래서 이렇게 말했다.

"카페에 주로 오는 손님들이 여자인데 모델을 여자로 쓰면 좋아할까요?"

"그건 아니죠. 예쁜 여자를 마음속으로 선망하는 것이 여자의 심리죠. 그리고 도회적인 분위기가 오히려 잘 먹힐 겁니다. 여자들은 분위기에 민감하니까요."

정훈탁 사장의 말을 듣고 나니 수긍이 갔다. 나도 이미지가 중요하다고 그렇게 강조하고 있는데 한예슬이 세련되고 도회적인 이미지에 딱 들어맞는 것은 사실이었다. 더욱이 당시 한예슬은 〈환상의 커플〉 때 보여준 푼수 연기로 예쁘지만 털털한 면도 있다는 이미지를 심어주어 많은 여성 팬들을 확보하고 있었다. 세련되면서도 시원스럽게 느껴지는 성격 덕분에 여자들의 반감을 불러일으킬 것 같지는 않았다. 혹시 더 어울리는 모델이 있을까 하고 찾아보기는 했지만, 조인성은 마침 군대를 가는 시점이었고 소지섭은 칸타타 광고를 하고 있었다. 이것저것 따져 보니 한예슬이 여러 가지로 적격이었다. 그래서 한예슬을 모델로 하기로 결정하고 제작사에 CF 콘티를 짜라고 했다.

그리고 나서 CU미디어의 전용주 사장에게 부탁을 했다.

"이번에 한예슬을 모델로 TV 광고를 제작하고 있는데, MBC에 나갈 수 있도록 도와줬으면 해."

그래서 CU미디어의 도움을 받아 광고는 MBC 9시 뉴스 후에 세 달 동안 매일 방송될 수 있었다. 또 CU미디어에도 광고를 진행해 그 채널인 코미디 TV, 드라맥스, Y-star에 대량으로 광고가 나갔다.

3월이 창업 시즌이어서 우리는 3월부터 시작해 3개월 동안 TV를 비롯해, 신문, 케이블, 전광판, 버스 광고 등 대대적으로 매체광고를 진행했다.

모델비, 광고 제작비, 방송 광고비를 돈으로 환산하면 어마어마한 액수이지만, 전용주 사장과 정훈탁 사장의 도움에 힘입어 원래 액수보다는 훨씬 저렴한 가격에 모든 것을 진행할 수 있었다. 아마 그들의 도움이 없었다면 카페베네가 지금만큼 성공할 수 없었을 것이다. 이때의 광고가 카페베네가 승승장구 하는 데 직접적인 역할을 했기 때문이다.

그리고 광고에 맞춰 5월에 압구정 본점을 오픈했다.

압구정 본점은 여러 가지 면에서 차별화된 매장이다. 회사에서 압구정에 본점을 내기로 결정한 뒤 우리는 컨설팅업체에 적당한 장소를 찾아달라고 의뢰했다. 컨설팅 업체는 세 곳을 추천했는데, 세 곳을 둘러보니 지금의 압구정 본점이 있는 곳이 제일 적당하다는 생각이 들었다. 현재의 압구정 본점 자리는 우리가 입점하기 전에는 일 년 정도 비어 있던 곳이고, 또 보증금만 10억으로 높은 임대료를 부담하기에 채산성이 맞지 않을 수 있다는 위험 부담도 있었다. 그러나 나는 싸이더스 연기학원과 함께 매장을 오픈하면 차별화되어 많은 고객들을 끌어들일 수 있고, 그곳이 카페베네의 쇼룸 역할을 하기에는 적격인 입지조건을 갖고 있다고 생각했다. 그런 만큼 압구정 본점에 연기학원을 넣는 것은 그 의미가 매우 컸다.

처음에는 많은 사람들이 카페와 연기학원의 조합에 대해 이해하지 못했다. 심지어 회사 내부에서도 반대 의견이 우세했다.

"연기 학원이요? 그것이 들어오면 실질적으로 무슨 이익이 있나요? 그리고 그렇게 예쁜 여자들이 왔다 갔다 하면 일반 고객들이 거부감이 일어나서 앉아 있다가도 나갈 것 같은데요. 오히려 고객들이 더 안 올 겁니다."

마케팅을 할 때 많은 사람들이 빠지는 오류가 있다. 고객의 입장이 되어 생각하는 것이 아니라 자신의 관점으로 고객들을 판단한다는 것이다. 물론 예쁘고 잘생겼다는 기준과 관점이 개인마다 다르겠지만, 일반적으로 예쁘고 잘생긴 사람을 싫어하는 사람은 없다. 그렇지 않다면 연예인들에게 왜 그 수많은 팬들이 생기겠는가? 물론 연기를 잘해서일 수도 있지만, 대부분은 남들보다 뛰어난 외모를 소유하고 있기 때문이다. 오히려 모델들이 왔다 갔다 하면 하나의 명소가 될 수도 있으며, 다른 곳에서는 구경할 수 없는 볼거리가 있기 때문에 사람들이 더 몰려들 수도 있다. 더욱이 연기 학원과 카페의 조합은 처음으로 시도되는 콘셉트이기 때문에 이슈가 될 수도 있는 일이었다. 언제나 그랬듯이 나는 카페 내부에 연기 학원이 들어오면 어떤 효과가 있는지를 열심히 설명했다. 결국 내가 처음에 의도했던대로 압구정 본점 내 지하 1~2층, 지상 3층에 연기 학원이 들어서게 되었다.

2009년 5월, 압구정 본점을 오픈했을 때 '그게 되겠어요?'라는 반대 의견은 하나의 기우에 지나지 않았다는 것을 결과가 증명했다. 물론 성공적인 결과 뒤에는 매장을 활성화하기 위한 우리의 노력도 뒷받침되고 있다. 오픈하고 나서 우리는 싸이더스 소속 연예인 100명에게 VIP카드를 발급했다. 이것은 하루에 4만 원까지 사용할 수 있고 유효기간이 1년이었다. 유명 연예인들이 왔다갔다 하자 더 많은 연예인들이 몰려들었다. 정훈탁 사장도 자주 찾아왔기에 캐스팅의 기회를 얻으려는 신인 연기자들도 이곳을 찾았다. 심지어 나는 VIP카드를 얻으려고 개인적으로 부탁하는 연예인들의 전화를 받기도 했다. 연예인들을 많이 볼 수 있다는 입소문이 퍼짐에 따라 일반인들도 많이 찾아오기 시작했다. 그 결과 오픈 초기에는 150만 원 정도 되던 일일 매출이 6개월이 지나자 300만 원으로 올라섰다. 압구정 본점의 인기는 운영자의 입장에서 고객들을 판단하면 안 된다는 사실을 여실히 증명한 셈이다.

압구정 본점은 카페베네가 어느 시점에서 질주할 수 있도록 내가 짜 놓은 퍼즐의 마지막 조각이자 연결 고리였다. 그 퍼즐의 조각이 모두 맞춰지는 시점이 되면 기대 이상의 시너지 효과가 나타날 것이라고 나는 기대하고 있었다. 아니, 확신하고 있었다. 이제 드디어 그 마지막 조각이 퍼즐을 완성한 것이다.

2년 만에 436개 매장,
한국 커피 시장의
새로운 역사를 쓰다

2008년 8월부터 시작해 2009년 5월까지의 일련의 과정은 전체 퍼즐의 조각들을 하나하나 맞춰 가는 작업이었다. 첫 번째 조각은 카페베네의 메뉴 및 매뉴얼을 조정하고 매장의 메뉴판과 홍보물 등을 통일시키는 것이었다. 그 다음으로 평범한 로고를 디자인 업체에 맡겨 새롭게 바꿨다. 그리고 인테리어 업체를 선정해 로고의 분위기에 맞게 인테리어 콘셉트를 정하고 매장의 인테리어를 바꿔 나갔다. 그 다음으로 아라코라는 다국적 기업과 손을 잡고 기업과 공공기관에 매장을 넣기 시작했다. 또 다음으로 싸이더스와 파트너가 되었다. 그 다음 한예슬을 모델로 선정해 3개월 동안 대대적인 매체광고를 진행했다. 그리고 5월에 압구정에 싸이더스의 모델학원이 있는 본점을 오픈했다.

이것은 내가 기획한 하나의 플로우차트였다. 이러한 단계적인 흐름이 없다면 아무리 많은 돈을 들여 광고를 해도 그 효과를 보지 못할 수도 있다. 그 이유는 광고를 하기 이전에 브랜드의 이미지와 매장 인테리어가 정비되어 있어야 하고, 광고를 대대적으로 진행한 후에는 매장을 직접적으로 보여주고 입소문을 얻으면서 신뢰를 높여야 하기 때문이다. 그러나 만약 이런 작업들이 두서없이 진행되거나 어느 것 하나라도 빠지면 시너지 효과를 얻을 수 없다. 이것은 10여 년 동안의 커피 사업을 통해 몸으로 부딪히며 배운 사실이기에 결과를 먼저 계산하고 계획을 짤 수 있었다.

어떤 일이든 성공이 쉽지는 않지만, 만약 성공의 모든 요소를 갖추고 있다면 그것은 당연한 결과가 된다. 머릿속에서 성공을 계산하고 그린 내 플로우차트는 결과적으로 대성공을 불러왔다. 2008년 8월 카페베네는 두 개의 매장을 갖고 있었다. 그리고 광고를 시작하기 바로 전인 2009년 3월 8개의 매장이 있었다. 그런데 3월부터 시작해서 3개월 동안 광고를 진행한 결과, 그해 12월에 매장은 100개까지 늘어났다. 그리고 2010년 9월에는 300호점을 돌파했고, 12월에는 436개점으로 늘어나 스타벅스 매장을 추월하기 시작했다. 이제는 성공에도 가속도가 붙어 우리의 예상을 앞질러 매장이 늘어나고 있는 추세다.

우리가 단시간에 빠르게 성장할 수 있었던 것은 압구정 본점이 큰 역할을 했다. 5월에 압구정 매장을 열었을 때는 광고가 한창 진행된 뒤였다. 카페베네의 인지도를 많이 올려놓은 상태에서 차별화된 매장이 선보이자 고객이나 커피 전문점을 하고 싶은 사람들에게 좋은 이미지를 심어주었다. 또 〈지붕 뚫고 하이킥〉에 PPL 광고를 진행하며 협찬금 이상의 홍보효과를 얻을 수 있었다.

〈지붕 뚫고 하이킥〉의 제작사는 초록뱀미디어로, 예전에 올인 테마파크에 투자를 하면서 그곳의 관계자들과 알게 되어 친분을 유지하고 있었는데 시트콤 제작에 들어가기 전 협찬사들을 모집하면서 나를 다시 찾아왔다. MBC에 3개월 동안 집중적인 광고를 했었기 때문에 연관성도 있고, 1편이 워낙 인기를 끈 시트콤이어서 별로 고민할 필요도 없다고 생각했다. 그래서 협찬을 진행했고, 결과는 기대 이상이었다. 방송을 본 사람들을 통해 "황정음과 최다니엘이 만나는 커피점이 카페베네래"라는 입소문이 나면서 압구정 본점은 물론 카페베네의 인지도가 그야말로 수직상승했다. 그리고 원목으로 인테리어를 한 우리 매장은 고급스럽다는 평을 얻으며 여성 고객들을 사로잡았다.

방송에 협찬을 하면 두 가지 사항을 제공받는다. 하나는 매장에서 촬영을 진행해 촬영 장소가 시청자들에게 노출되는 것이며, 또 하나는 로고가 방송에 나간다는 점이다. MBC 광고에 이어 〈지붕 뚫고 하이킥〉에서 계속해서 노출되자 우리는 인지도 면에서 확실히 입지를 다지고 '매출 상승'과 '가맹점 모집'이라는 두 마리 토끼를 동시에 거머쥐었다.

이후로는 가맹점 문의가 폭주하기 시작했고, 계약 성사율도 상당히 높은 편이었다. 매장이 계속 늘어나면서 우리는 지속적으로 광고를 진행했고, 또 그 광고를 보고 더 많은 사람들이 문의를 했다. 그리고 갈수록 매장이 늘어나자 그 자체로도 광고효과가 있었고, 신뢰도가 높아져 더 많은 계약이 성사되었다.

또 한편으로 점선면의 점포 개발 전략을 충실히 실행했다. 압구정로데오 거리에 본점을 오픈한 이래 차례로 압구정 씨네시티 건너편의 논현점, 갤러리아점, 학동사거리점, 청담사거리점, 삼성점, 강남구청점을 오픈했다. 지역을 최대한 좁혀 강남에 집중적으로 오픈함으로써 단시간에 더 많은 사람들에게 인지될 수 있었다. 이렇게 되면 입소문을 통해 더 많은 지역까지 브랜드를 알릴 수 있다.

그리고 카페베네는 직영점만을 고집하는 브랜드들과는 달리 직영점과 가맹점을 병행한다. 원래 이상적인 비율은 직영점이 전체 매장의 20%를 차지하는 것이지만, 카페베네의 경우 빠른 성장률을 보이다 보니 400개가 넘는 매장에서 직영점이 20개 정도밖에 되지 않는다. 직영점이 브랜드의 품질 유지와 관리차원에서 더 효율적인 것은 사실이지만, 브랜드의 확산이라는 점에서는 오히려 걸림돌이 되기도 한다. 만약 중앙에서 철저한 관리를 시행하고 가맹점과의 긴밀한 관계를 유지할 수 있다면 직영점과 가맹점의 병행은 많은 장점을 갖고 있다. 매장이 빠르게 확산되기 때문에 인지도의 제고에 크게 도움이 되며, 또 한편으로 매장이 많이 생기면 그만큼 매출이 늘어 본사의 매출도 당연히 동반 상승한다.

또한 점포 개발의 일환으로 건물주와 공동 투자의 방식을 채택하기도 했다. 대형 매장의 경우 브랜드의 이미지를 제고하는 데 상당히 큰 역할을 한다. 그러나 임대료가 매우 부담이 되기 때문에 대형 매장을 열기가 수월하지 않은데, 건물주와 공동투자 방식으로 진행하면 임대료의 부담을 덜고 장기간 대형 매장을 유지할 수 있다는 장점이 있다. 갤러리아점이 이런 방식을 취해 오픈한 매장이다.

로데오점을 오픈한 이후에 평소 알고 지내던 한 동생이 매장으로 찾아왔다.

"제가 아는 친구가 있는데 컨설팅 사업을 해요. 갤러리아 백화점 건너편 사거리 코너에 건물이 하나 있는데요, 그곳의 건물주가 수수료 매장으로 들어올 커피업체를 찾고 있답니다. 관심 있으시면 소개시켜 드리려고요."

나는 당연히 관심이 있었기 때문에 직접 가서 매장을 둘러볼 생각이었는데 공교롭게 며칠 뒤 회사 내 점포개발 담당 이사가 그 매장에 대해서 협상의뢰를 받았다고 말했다. 당시 몇 개의 커피업체가 그 건물에 관심을 보이며 건물주와 협상을 진행 중이던 상황이었다. 매장을 둘러보고 나자 다른 곳에 뺏기고 싶지 않다는 생각에 마음이 조급해졌다. 그곳은 규모나 위치가 매장을 홍보하기에 매우 적합한 곳이었다. 나는 담당 이사에게 타 업체보다 수익을 더 주는 한이 있더라도 반드시 입점할 수 있도록 하라고 말했다. 결국 우리는 수익의 상당 부분을 주기로 하고 계약을 진행했다. 이 매장의 계약을 밀어붙인 데는 수익적인 면만 본다면 손해가 될 수도 있지만, 홍보와 장기적인 측면을 고려한다면 오히려 카페베네 사업에 일조를 할 것이라는 계산이 깔려 있었다.

결국 갤러리아점은 압구정점과 함께 카페베네를 대표하는 매장이 되었다. 일단 규모 면에서 지하1층에서 지상 2층까지, 300석 규모의 대형 매장으로 카페베네의 위용을 대외적으로 과시할 수 있으며 다양한 이벤트나 행사가 개최된다. 얼마 전 TV CF도 이 매장에서 촬영한 것으로, 갤러리아점은 카페베네의 얼굴이라 할 수 있다.

카페베네는 2년 만에 436개 매장을 확보하며 한국 커피 시장에 새로운 역사를 썼다. 할리스를 떠난 이후 3년 동안의 시간은 나에게 참으로 많은 것을 선사했다. 만약 그때 지나온 시간을 돌아보며 나 자신에 대해 그리고 커피 사업에 대해 진지하게 고민하지 않았다면 이렇게 새로운 판을 짤 수는 없었을 것이다. 모든 일은 언제나 양면성을 갖고 있는 듯하다. 절망 속에 희망의 싹이 잠재해 있고, 실패 속에 성공의 열쇠가 숨어 있다. 다만 그 성공의 열쇠는 찾으려고 노력하는 자에게 주어지는 선물이며, 찾는 자만이 성공의 문을 열 수 있다. 운은 단지 노력에 얹어지는 덤일 뿐이다.

Caffé bene
Story

사람을 준비하다

"스타벅스나 커피빈에서 일했던 직원으로 소개 좀 시켜줘. 매장이 많이 늘어날 것 같아서 직원들이 많이 필요하거든."

압구정 매장 오픈을 기점으로 가맹점 문의가 많아지자 나는 앞으로를 대비해 직원들을 뽑고 훈련을 시켜 놓을 필요성을 느꼈다. 그래서 주위의 지인들에게 카페베네 매장에서 일할 만한 직원들을 소개시켜 달라고 부탁했다.

처음 기획했던 압구정 본점까지의 1단계 계획이 마무리되자 앞으로 커질 규모에 대비해 대내적인 그리고 대외적인 정비가 필요하다고 생각했다. 대내적인 정비는 우수한 직원들을 뽑아 교육하는 일이었다. 스타벅스나 커피빈에서 일했던 직원들은 매뉴얼에 따라 철저한 교육을 받기 때문에 이미 기본기가 갖추어져 있어 그런 직원들을 뽑으면 부족한 부분을 하나하나 채워나갈 수 있다고 판단했다. 단순히 바리스타 자격증만 갖고 있는 사람은 뽑지 않았다. 내가 지향하는 카페베네의 인재상은 커피 맛에만 신경 쓰는 사람이 아니라 매뉴얼에 따라 철저한 교육을 받아 커피 제조에서부터 고객 응대, 매장 관리까지 전체를 감당할 수 있는 사람이었기 때문이다. 그리고 긍정적인 마인드를 갖춘 사람을 뽑았다. 일을 할 때 긍정적인 마인드를 가진 사람은 어떤 과제가 떨어졌을 때 안 되는 경우를 생각하기보다는 어떻게 하면 할 수 있을까를 고민하기에 성취도도 훨씬 높다.

이것은 일에서도 마찬가지다. 카페베네의 매장 수가 급속하게 늘어남에 따라 회사의 규모가 빠르게 성장했고 그에 따라 직원의 수도 갈수록 많아졌다. 조직이 커지자 불협화음이 곳곳에서 일기 시작했다. 우리는 프랜차이즈 사업이 회사의 큰 부분을 차지하기 때문에 인테리어 담당, 구매 담당, 매장 운영 담당, 가맹점 영업 담당들이 서로 긴밀하게 협조를 해야 한다. 그런데 현장에서 작업해야 할 일이 늘어나면서 서로 간에 불평불만도 많아졌다. 영업 담당자들은 일반적으로 매장 운영이 잘 이루어지지 않고 인테리어가 좋지 않아서 가맹점을 유치하기가 힘들다고 불평을 늘어놓았다. 그런데 매장 운영 담당자들은 가맹점 영업팀에서 좋은 매장을 유치하지 못해 운영에 애로가 있다고 영업팀을 탓했다. 심지어 영업 담당자가 운영에까지 개입하곤 했다. 다들 '자신은 이렇게 열심히 일하는데 남들은 왜 그렇게 모자란지 모르겠다'고 아우성을 쳤다. 나는 보다 못해 다음과 같이 강조했다.

"각자 자기 업무에만 충실하도록. 다른 부서의 단점을 들추고 비난하는 행위는 일에 전혀 도움이 되지 않는다. 더 이상 부정적인 생각을 하지 말고 앞으로는 긍정적인 시각으로 옆 사람을 바라보고 서로 모자란 부분은 채워주면서 일을 했으면 한다. 프랜차이즈 사업에 있어 인테리어, 운영, 영업, 어느 하나 중요하지 않은 것이 없다. 단지 어느 하나만 잘한다고 제대로 돌아가는 것이 아니라는 것은 여러분들이 현장에서 직접 경험했기 때문에 누구보다 잘 알 것이라 생각한다. 우리가 서로 믿고 협조할 때 카페베네의 발전도 있는 것이다."

부정적인 시각으로 바라보면 보이지 않던 단점들도 하나둘 드러나 보이기 시작하는 것이 세상의 이치다. 특히 우리와 같은 프랜차이즈 회사는 조직 간에 톱니바퀴처럼 맞물려 일이 진행되기 때문에 서로 삐걱거리기 시작하면 점점 궤도를 이탈할 수밖에 없다. 부정적인 시각은 톱니바퀴가 삐걱거리도록 만드는 시발점이다. 부정적인 시각을 철저히 뿌리 뽑지 않는 한 카페베네의 발전적인 미래를 기대하기 어렵다고 생각한 나는 직원들에게 상호 신뢰와 긍정적인 마인드를 최대한 강조했다.

그 후 우리들은 서로 비난하고 남을 탓하기보다 협조적인 분위기에서 일했고 그것이 우리가 난관에 부닥칠 때마다 어려움을 해결해 나가는 원동력이 되었다.

나는 직원들의 교육에 있어서 실무적인 측면보다는 마인드 교육에 치중하는 편이다. 방법론과 지식은 일을 하는 데 있어 부차적인 부분이다. 만약 직원들이 목표의식과 사명감을 갖게 되면 어떻게 하라고 가르치지 않아도 자발적으로 하나하나 알아나갈 수 있다.

예를 들면, 에스프레소 추출법을 가르칠 때 일반적으로 에스프레소 1샷은 몇 그램의 원두를 넣고, 추출 시간은 몇 초이며, 추출할 때 주의할 점은 무엇인지 실무교육을 시킨다. 그런데 나는 이런 내용이 아니라 우선 직원들로 하여금 카페베네에서 근무한다는 자부심을 갖도록 하기 위해 노력했다. 교육 내용은 커피를 어떻게 만들고, 손님 응대는 어떻게 하고, 운영에 필요한 것은 무엇인지가 아니라 동기 부여의 내용으로 바뀐다. 우리가 매뉴얼에 따른 기준들을 지키지 않았을 때 고객들에게 맛이 없는 커피를 제공하게 되며, 그럴 경우 카페베네에 대한 고객들의 이미지가 좋을 수 없으며, 이것은 곧 카페베네에서 근무하는 직원들의 자긍심에 먹칠을 하는 것이라고 말했다. 직원들 각자가 이러한 사실을 깊이 인식하게 되면 모두들 각자의 자리에서 최선을 다하려 노력할 것이고, 좋은 결과를 내기 위해 필요한 지식을 쌓을 것이다. 또한 예상치 못한 일이 발생했을 때 회사의 명성을 지키기 위해 상황에 맞는 대처를 해 나갈 것이다. 그러한 결과들이 쌓이면 카페베네에 대한 고객들의 평판은 좋아질 것이고, 이런 대외적 평판은 직원들이 더 열심히 일하도록 만드는 원동력이 될 수 있다. 회사의 성장은 직원들 하나하나의 성과가 모여 이루어지는 것이므로 그들 각자가 성과를 낼 수 있도록 이끌어주기 위해서는 낚싯밥을 쥐어 주는 것이 아니라 낚시 하는 방법을 알려주는 것이 훨씬 효과적이다. 그럼으로써 직원 각자의 성과와 함께 그들 사이의 협조를 동시에 끌어낼 수 있기 때문이다.

카페베네의 고객카드는 이러한 긍정적인 마인드가 만들어 낸 서비스라 할 수 있다. 카페베네는 초기부터 구매 금액의 일정 부분을 포인트로 적립해 주는 고객카드 서비스를 실시했는데, 얼마 지나지 않아 가맹점들로부터 불만이 터져 나왔다. 카페베네의 경우 가맹점이 주를 이루는데 가맹점들 각자는 타 가맹점에서 적립을 하고 자신의 가맹점에서 포인트를 사용하면 자신이 손해를 본다고 생각했다. 가맹점들의 불만이 줄을 잇자 직원들도 점점 고객카드에 대해 회의감이 들기 시작했는지 부정적으로 생각했다.

'스타벅스야 직영이니까 고객카드가 전 매장에서 통한다고 하지만 우리는 가맹점들이 많으니까 서로 싫어하는 것은 당연하지. 일부 브랜드에서도 적립카드의 경우 자신의 매장에서만 사용하도록 되어 있던데.'

그래서 많은 매장 운영 담당자들이 이렇게 제안했다.

"사장님, 저희도 가맹점들은 각자의 매장에서만 그 매장 적립카드를 사용할 수 있도록 바꾸는 게 어떨까요? 가맹점주들이 불만이 많거든요."

나는 직원들에게 이렇게 말했다.

"카페베네는 커피를 파는 곳이 아니라 커피 서비스를 파는 곳이다. 즉 어떤 일을 할 때 항상 고객의 입장이 되어 생각해 보고, 그들에게 어떻게 하면 편의를 제공할 수 있을지를 고민해야 한다. 여러분들이 고객이라면 하나의 적립카드를 가지고 어느 매장에서나 사용할 수 있는 것과 해당 점에서만 사용할 수 있는 것 중에서 어느경우에 더 편리함을 느낄 것 같은가? 생각해 보면 바로 답이 나올것이다. 그럼 그 답에 따라서 이제는 어떻게 가맹점주들을 설득하고불편한 부분들을 개선할 수 있을지 그 부분을 고민해 보도록. 안 된다고 생각하고 포기하면 거기서 끝나 버리지만, 된다고 생각하고 될수 있는 방법을 연구하다 보면 길은 반드시 열리게 마련이다. 그리고 다른 곳에서 하지 못하는 것을 우리가 하면 그만큼 고객들을 확보할 수 있지 않은가. 이제 모든 매장에서 고객카드를 사용할 수 있느냐 없느냐는 여러분들의 설득의 능력에 달려 있다."

이렇게 해서 매장 운영 담당자들은 가맹점주들을 열심히 설득시키기 시작했다.

"사장님, 만약 해당 점에서만 고객카드를 사용할 수 있다고 하면고객들은 당연히 불편을 느끼고 서비스가 더 좋은 브랜드를 찾아갈겁니다. 그렇게 되면 카페베네의 손실은 물론 결과적으로는 사장님매장의 매출에도 영향을 미치게 되죠. 대신 저희 본사에서는 카페베네 전 매장이 함께 진행할 수 있는 이벤트를 적극적으로 유치해서더 많은 고객들이 카페베네를 찾도록 하여 매출을 늘리도록 하겠습니다."

이러한 설득의 결과로 고객들은 지금까지도 하나의 고객카드로 카페베네 전 매장에서 서비스를 제공받고 있다.

우수한 직원들이 늘어나고 그들에게 내부적인 실무를 맡길 수 있는 시점이 되었을 때 나는 외부로 눈을 돌렸다. 이제부터 내가 해야 할 일은 펀딩이나 협력업체의 선정 등 대외적인 업무였기 때문이다. 우선 나의 주특기인 사람들을 만나면서 우리가 외부와 연계될 수 있는 접점을 적극적으로 찾아 나섰다. 그러던 중 CU미디어 전용주 사장의 지인들인 삼일회계법인 사람들과 자연스럽게 어울리게 되었다. 그들과 몇 번 만나 저녁식사를 했는데 하루는 삼일회계법인의 박 흠석 상무가 말했다.

"강 사장님, 카페베네도 앞으로 자금이 많이 필요하지 않습니까?"

"네, 당연히 필요하죠."

"그럼 제가 캐피털 쪽 연결시켜 드릴 수 있는데 투자가 낫겠어요, 융자가 낫겠어요?"

"아무래도 융자 쪽이 낫죠. 투자를 받으면 경영 간섭이 있을 테니까요."

"그래요? 그럼 내가 한 번 알아보고 알려드리겠습니다."

카페베네의 빠른 성장에 힘입어 우리는 3개월 만에 KT창투로부터 50억을 융자받게 되었다.

회사에 50억이라는 자금이 들어오자 마케팅을 하는 데 있어서도 훨씬 여유가 생겼다. 현재 카페베네는 매장 개수가 커피 업계에서 1위를 달리고 있음에도 마케팅을 게을리하지 않고 있다. 정상을 향한 질주를 늦추지 않기 위해서이기도 하지만 풍부한 자금력을 바탕으로 타 브랜드는 따라올 수 없을 만큼 멀찍이 앞서 달려가기 위해서이기도 하다. 그 끝이 어디인지 가늠할 수는 없지만 정상에서 내려오지 않기 위해 앞으로도 쉼 없이 질주할 채비를 이미 끝낸 것이다.

완벽하지 않으면
최고가 될 수 없다

"싸이더스에서 작정하고 돈을 쏟아붓는 거래."

"그래? 나는 한예슬이 사장이라고 들었는데."

갑자기 눈에 띄게 매장이 많아지자 카페베네에 대한 무성한 소문이 돌기 시작했다. 싸이더스를 전면에 내세운 우리의 전략이 주효했는지 카페베네를 싸이더스에서 만든 커피 브랜드로 아는 사람들이 많았고, 심지어 한예슬이 카페베네를 운영한다는 소문까지 났다. 이 것은 한편으로 우리가 사람들의 관심사가 되고 있다는 증표이기도 했다. 또한 업계에서도 점점 우리를 예의주시하기 시작했다. 그도 그럴 것이 2년 만에 스타벅스의 매장 수를 넘어섰으니 어떤 전략으로 갑자기 커피 업계의 선두주자가 된 것인지 궁금증을 갖는 것도 당연했다. 그러나 자세한 내막을 알지 못해 별별 추측이 난무했다.

사람들은 주로 '싸이더스에서 연예인들을 내세워 홍보하고 매장에 돈을 쏟아부어서, 〈지붕 뚫고 하이킥〉에 나온 것 때문에 크게 홍보가 되어서, 광고비와 마케팅비에 엄청난 돈을 쏟아붓고 있어서'라고 생각했다.

그러나 내가 생각하는 카페베네의 강점은 이런 것이다.

카페베네는 단지 커피 맛 하나로 승부하는 것이 아니라 맛, 이미지, 마케팅이 어우러진 커피 문화라는 시스템으로 승부한다. 우선 이미지에 있어 인테리어를 다른 브랜드들과 확실히 차별화했다.

처음 인테리어 콘셉트를 바꿀 때 우리는 타 브랜드와 차별화하기 위해 많은 논의를 거쳤다. 10여 년 전 스타벅스 커피가 국내에 도입될 당시로 거슬러 올라갔다. 스타벅스의 인테리어 콘셉트는 미국 현지 100여 명의 인테리어 디자이너들이 공동 개발한 것으로, 국내에 론칭되었을 당시에는 카페 인테리어로서는 최고라 해도 손색이 없었다. 이국적이면서도 고급스럽고, 색상 또한 전체적으로 파스텔 톤을 사용해 편안한 분위기를 연출했다. 그리고 엘레강스라기보다는 캐주얼한 느낌을 주어 젊음의 색채가 느껴졌다. 물론 스타벅스의 영향이 가장 컸겠지만, 에스프레소 전문점들은 현대적이면서 군더더기 없는 스타벅스의 인테리어를 앞다투어 모방해 그것이 에스프레소 전문점의 전형이 되었다. 그런데 10여 년이 지난 지금은 결국 시대에 뒤떨어진 고전이 되고 말았다.

우리는 후발주자로서 더욱 고급스럽고 편안한 분위기를 연출해야 한다고 판단했다. 또 다른 곳에서는 느낄 수 없는 차별화된 콘셉트가 필요했다. 일단 식상함에서 벗어나기 위해 로고를 원형에서 사각형으로 바꿨다. 원형에 로고가 들어간 형태는 대부분의 브랜드들이 사용하고 있는 탓에 그 자체로 식상함을 준다.

또 시장조사를 통해 한 가지 트렌드를 읽을 수 있었다. 유럽의 빈티지 스타일이 새로운 트렌드로 자리잡고 있었던 것이다. 빈티지 콘셉트는 대중적이라기보다는 개성이 강한 느낌을 주며 편안한 분위기를 전달해 준다. 여기에 오래된 원목을 주재료로 사용해 고급스러운 분위기를 더했다. 바닥이나 벽체는 원래의 바닥과 벽체를 그대로 살려 빈티지 느낌을 최대한 강조했다. 또 포인트를 주는 소품도 유럽의 오래된 소품들을 사용한다. 대형 벽시계는 카페베네 인테리어의 상징이자 마스코트다. 압구정점의 벽시계는 유럽 스타일을 제대로 살리기 위해 유럽에서 직접 공수해 온 것이다.

그리고 다른 브랜드들과 달리 지하층을 개발했다. 지하층은 일반적으로 고객들이 잘 이용하지 않기 때문에 카페베네에서는 북카페의 형태로 구성해 조용하며 차분한 분위기를 연출했다. 특히 갤러리아점의 경우 연인들을 위한 좌석, 여성 고객을 위한 파우더룸, 포켓볼 당구대 등이 마련되어 있어 특별한 공간으로 인기를 얻고 있다.

이러한 요소들이 모여 카페베네는 다른 브랜들과는 확실히 다른 이미지의 공간을 제공하고 있다.

맛에 있어서는 좋은 원료를 사용하고 제조 공정의 원칙을 고수하는 방법으로 우수한 품질의 커피를 제공하고, 벨기에식 정통 조리법으로 만든 와플을 매장에서 바로 구워 고객들이 신선한 제품을 맛볼수 있도록 한다. 또 한국인의 입맛에 맞는 메뉴 개발에도 힘쓴다.

매장이 많이 확보되고 안정된 시점에서 우리는 카페베네에서만 즐길 수 있는 메뉴를 개발하기 시작했다. 카페베네가 토종 브랜드인만큼 한국적 맛을 살린 메뉴를 개발하기 위해 고심했다. 그러던 중미숫가루를 이용한 음료를 개발하자는 의견이 나왔고, 초기에는 별도로 메뉴개발 전담팀이 없었던 관계로 당시 교육을 담당하고 있던장혜영 과장에게 이 일을 일임했다.

직원 교육을 담당할 때도 워낙 열심이고 여러 가지 업무를 빈틈없이 해내는 모습을 보고 평소에 눈여겨보고 있다가 새로운 일을 맡겼는데, 완벽을 추구하는 그녀의 특성은 메뉴 개발에서도 그대로 드러났다. 개발을 진행하는 데 있어서 완벽한 맛이 나올 때까지 수차례테스팅을 반복하는 것은 물론, 원재료를 선택할 때도 까다롭기 그지없었다. 그러다 보니 개발 시간이 상당히 오래 걸려 새로운 메뉴를하루빨리 내놓아야 하는 회사 입장에서는 오히려 답답하게 느껴지기까지 했다. 그래서 급기야 "회사에서는 시간이 비용이야 비용. 너무 완벽하게 하려고 하지 말고 좀 적당히 해서 빨리 신메뉴를 출시하도록 해"라고 핀잔을 줄 정도였다.

그러한 과정을 거쳐 개발된 메뉴가 바로 다섯 가지 곡물로 만든

음료 '오곡베네스또'로, 카페베네의 효자상품이자 다른 브랜드와는 차별화되는 음료다. 정성과 노력의 결실인 만큼 이 제품은 출시되자마자 소비자들의 큰 호응을 얻었다.

매장 수가 급격하게 늘면서 다양한 메뉴를 제공하기 위해 제품개발을 전담으로 하는 R&D팀이 조직되었고, 새롭게 선보이고 있는 제품들은 모두 이 팀의 작품이다.

카페베네의 연예 마케팅과 문화 마케팅은 커피 업계에서 가장 차별화된 마케팅으로 꼽을 수 있다고 생각한다. 우선 우리는 싸이더스와 연계해 엔터테인먼트를 마케팅에 최대한 활용하고 있다. 압구정 본점은 국내 최초의 카페와 연예 에이전시 조합의 상징이라 할 수 있다. 2008년 연말에 싸이더스 소속 연예인들의 애장품 자선바자회가 갤러리아점에서 열렸고, 2009년 싸이더스에서 제작한 한예슬 주연의 영화 〈크리스마스에 눈이 올까요?〉에 카페베네를 촬영 장소로 제공했다. 또한 싸이더스 연기자들의 인터뷰 장소로 카페베네를 활용해 방송에 자주 노출된다.

이와 동시에 방송이나 영화 등의 제작 지원을 활발히 전개하고 있다. 〈지붕 뚫고 하이킥〉을 비롯해 〈신이라 불리운 사나이〉 〈커피 하우스〉 〈대물〉 〈아테나〉 〈싸인〉 〈시크릿 가든〉 등의 제작 지원에도 적극 참여했다.

또 싸이더스의 최진 부사장이 독립하여 신승훈 기획사와 함께 콘서트·공연 전문회사를 설립했는데, 최진 부사장과 친분이 있는 관계로 그곳에서 진행하는 2AM, 카라 등의 브랜드 뉴 콘서트, G20개최 기념 콘서트를 지원했다. 카페베네의 경우 엔터테인먼트 사업에 많은 지원을 하고 있어 콘서트 회사나 기획사에서 많이 찾아온다. 그러면 우리는 초대장을 받고 카페베네 각 매장에 공연 포스터를 붙여 적극 홍보해 준다. 그리고 초대장은 매장에서 구매한 고객의 영수증을 추첨해 고객들에게 나눠준다.

문화사업의 일환으로는 2010년 초 대학생들을 대상으로 커피농장을 체험하는 청년봉사단을 모집해 인도네시아의 커피 농장을 직접 방문하고 체험하는 행사를 진행했는데, 반응이 좋아 매년 진행될 예정이다. 이밖에 정기적으로 자선 단체에도 기부를 하고 있다.

그러나 무엇보다 카페베네 마케팅의 핵심이자 카페베네를 단숨에 업계 1위로 끌어올린 비결은 바로 집중적인 광고 활동을 펼친 데 있다고 생각한다. 기업에서 마케팅 플랜을 짤 때 일반적으로 일 년을 단위로 해 예산을 분산한다. 지속적인 노출을 우선 목적으로 하기 때문이다. 그러나 효과라는 측면을 놓고 고려한다면, 이러한 방식은 오히려 효과를 떨어뜨리는 결과를 불러온다. 예를 들면, 마케팅에 배정된 1년 예산이 12억이라고 하자. 그럼 마케팅 부서는 12억을 12개월로 나눠 매달 1억의 예산으로 집행할 수 있는 광고 플랜을 짠다. 그 결과 예산의 한계로 인해 이번 달에는 신문광고, 다음 달에는 전광판 광고, 그 다음 달에는 버스 광고, 또 그 다음 달에는 라디오 광고 식으로 나누어서 배정한다. 그러나 나는 점포 개발에 있어

지역을 집중해 점포를 개발하면 그 효과가 몇 배라는 경험에 착안해 마케팅도 같은 효과를 거둘 것이라는 계산을 했다. 그래서 카페베네 초기에 1년 마케팅 예산을 창업 시즌 3개월에 집중했다. 3개월 동안 대대적인 광고를 집행하면 인지도가 올라갈 것이고, 그것을 통해 가맹점을 모집하면 그 돈을 다시 마케팅에 투자한다는 계획을 세웠다. 물론 우리는 프랜차이즈를 모집하면 거기서 나오는 자금을 활용할 수 있다는 특수성이 뒷받침된다. 점포를 개발할 때 이미 집중 효과를 경험했기 때문에 성공 여부를 의심하지 않았다.

2009년 4, 5, 6월의 석 달 동안 TV 광고, 케이블 광고, 전광판 광고, 신문 광고, 버스 광고에 마케팅 예산을 총동원해 집중적으로 광고 활동을 펼쳤다. 지인들을 통해 우리나라 대표 매체를 통해 전파를 타게 한 덕분에 노출효과는 극대화되었다. 그 결과 사람들은 TV를 켜도 카페베네를 보고, 신문을 펼쳐도 카페베네를 보고, 거리로 나가도 카페베네를 접했다. 집중적인 3개월의 광고가 끝나자 실제로 가맹점이 모여들기 시작했고, 수입을 다시 광고에 투입했다.

이때부터는 올라간 인지도를 유지하는 전략으로 TV 광고, 케이블 광고, 전광판 광고, 신문 광고, 버스 광고를 한꺼번에 집행하는 것이 아니라 시즌의 성격에 맞추어 광고 매체를 골라 묶어서 강약을 조절하며 광고를 진행했다. 예를 들면, 창업 시즌인 3월과 9~10월에는 집중적으로 TV와 케이블 등 방송 광고와 나머지 광고를 진행하고, 그 이후에는 신문 광고를 위주로 하고 방송 광고 이외의 몇 개의 광고를 선택해 진행한다. 결과적으로 처음에는 한 달에 다섯 개 정도 모이던 가맹점이 점점 개수가 늘어났고, 지속적으로 광고를 한 덕분에 모집 개수에도 가속도가 붙기 시작했다. 현재는 한 달에 서른 개의 가맹점을 오픈하고 있는데, 이것은 우리가 한 달에 오픈할 수 있는 가맹점의 최대치가 서른 개이기 때문이다. 따라서 점점 매장을 오픈하려는 대기자 명단이 늘어나고 있는 실정이다. 결국 3개월의 집중 광고가 원동력이 되어 이후의 광고에도 계속해서 힘을 실어주었고, 우리는 극대의 광고 효과를 얻게 되었다.

같은 금액의 1년치 마케팅 예산을 투입해도 집중적인 광고 후 그것을 유지하는 간헐적인 광고를 진행한 것과 1년 내내 분산해서 광고를 진행한 결과는 천양지차임은 물론, 그로 인해 이후 성공의 탄탄대로로 들어서느냐 실패에 머무르냐가 판가름 난다.

이러한 광고 집행 방식은 사람들에게 전달되는 효과에서도 대성공을 거두었다. 집중적이고 대대적으로 카페베네가 노출된 결과 사람들에게는 우리가 마케팅에 돈을 쏟아붓는 것처럼 느껴지겠지만, 그것은 전략과 효과적인 광고가 불러온 일종의 '착시현상'일 뿐이다. 이것은 우리가 실제 광고 집행비에 비해 몇 배의 효과를 거뒀다는 뜻이기도 하다.

카페베네는 프랜차이즈 사업이라는 특수성이 있어 가맹점 모집과 관리가 중요한 부분을 차지한다. 처음에는 우리도 가맹점 관리에 큰 주의를 기울였지만, 매장이 100개 이상 되면서부터는 현실적으로 쉽지 않았다. 그래서 우리는 본사의 힘을 키우는 방식으로 매장을 관리하는 전략을 펴고 있다. 우선 메뉴나 관리 시스템을 철저히 매뉴얼화 하고 정기적인 교육을 실시하고 있다. 또 모든 제품은 양질의 원료를 써서 품질을 철저히 유지한다. 대박집의 비결을 가만히 살펴보면 양질의 원재료와 푸짐한 양에 있다. 우리 또한 적정한 가격에 맞는 최상의 원재료를 공급해 가맹점들이 고객으로부터 신뢰를 얻을 수 있도록 한다. 다음으로는 가맹점들의 매출 증진을 위해 본사에서 지속적인 이벤트를 진행해 고객들이 카페베네 브랜드를 이탈하지 않도록 관리하고 있다.

바로 이러한 과정의 총합이자 결실이 현재의 카페베네다. 2년이라는 짧은 시간 안에 국내 커피 시장에서 최고의 기업으로 성장했지만, 카페베네는 아직도 가야 할 길이 멀다. 이미 포화시장이 돼 버린 국내보다 더 거대하고 험난한 시장이 저 밖에서 기다리고 있기 때문이다.

뉴욕 맨하탄에서
스타벅스와 겨루겠다

정상에 선다는 것, 그것은 분명 짜릿하면서도 행복한 일이다. 더욱이 최선을 다해 달려왔다면 그것은 자신에게 내리는 큰 포상이 아닐 수 없다. 그런데 막상 그 자리에 서면 기쁨은 잠시일 뿐 책임감과 함께 두려움이 밀려들기 시작한다. 아마 더 큰 욕심이 생기기 때문일 것이다.

카페베네는 업계 1위로 올라서는 순간 또다시 다음 단계를 준비했다. 이제는 국내 시장을 넘어 더 큰 가능성, 더 큰 상대들이 존재하는 세계 시장으로 나아가는 것이 목표다.

카페베네가 두 개의 매장으로 시작해 매장 수로 국내 최고의 자리에 오른 데는 분명히 로고를 바꾸는 것에서부터 시작해 압구정에 본점을 오픈하기까지의 단계적인 전략을 구사한 것이 주효했다. 나는 세계 시장으로 나아가는 데 있어서도 어떤 전략이 필요할지를 고민했다. 일단 커피 업계들이 해외로 진출할 때 어떤 방식을 취했는지 자세히 살펴봤다. 하지만 아직까지는 해외 진출에 크게 성공한 사례가 없었다.

그런데 조사를 하면서 두 가지 사실을 발견했다. 첫째 해외에 진출하는 업체들이 여러 곳에 매장을 분산해서 오픈하고 있다는 것, 둘째 미국에 진출할 때 한인이 많이 사는 L.A, 뉴욕에서도 코리아 타운에 주로 매장을 열고 있다는 점이었다. 처음에 지역을 최대한 좁혀 매장을 집중적으로 오픈함으로써 인지도를 올려야 하는데 국내 유명 커피 브랜드들이 해외에 진출하면서 또다시 이러한 집중의 효과를 간과하고 있었다. 몇몇 지역에 한두 개의 매장을 오픈하는 형식을 취하는데 결과적으로 본다면 그냥 커피 매장 몇 개를 해외에 오픈했다는 것일 뿐 계속해서 프랜차이즈로 확장하지 못한다. 한 군데 힘을 모음으로써 얻을 수 있는 시너지 효과가 없기 때문이다.

또 한 가지는 한인들이 많이 사는 지역에 오픈하는데, 가장 큰 이유는 아마도 한인들은 국내 브랜드를 알고 있기 때문에 처음 오픈할 때부터 비교적 수월하게 고객들을 끌어들일 수 있다는 안전성에 착안해서일 것이다. 그런데 이렇게 되면 한인들을 위한 한국 브랜드로 머무를 뿐 그 나라의 중심지역으로 진출하기가 쉽지 않다.

나는 이 두 가지 사실에 착안해 한 가지 결론을 얻었다. 그것은 미국에서도 가장 중심지인 뉴욕, 뉴욕에서도 가장 중심지인 42번가에 200평에 이르는 대형 매장을 여는 것이다. 처음에 이 사실을 내비쳤을 때 놀라는 사람들이 많았다.

"아니 유명 패션 브랜드도 아니고, 커피 전문점인데 세계에서 가장 비싼 뉴욕에 그것도 200평으로 오픈을 하겠다고요? 월 임대료가 얼마예요? 커피 팔아서 임대료나 나올까요?"

그래서 좀 더 객관적인 자료와 분석을 얻기 위해 컨설팅 업체를 고용해 그들의 컨설팅을 받았지만 만족할 만한 정보를 얻을 수는 없었다. 일단 그들은 현장에서 커피 사업을 체험한 사람들이 아니기에 현실성이 떨어지는 데다 뉴욕 금싸라기 땅에 위치하는 200평 규모의 커피 전문점 매장이 없어 객관적인 데이터를 제시하기도 힘들었기 때문이다. 그리고 컨설턴트들은 주로 안정성을 고려해 가급적이면 한인 타운에 오픈하는 쪽을 권했다.

더 많은 사람들의 의견을 폭넓게 들어 보기 위해 뉴욕에 거주하는 많은 사람들에게 자문을 구했는데 젊은 사람들은 대부분 긍정적인 반응을 보였다. 그들의 의견은 대체로 다음과 같았다.

"가능성은 있다고 생각합니다. 그래도 유행을 시키려면 뉴욕에서 해야죠. 뉴욕은 전 세계 사람들이 모이는 곳이니 전파력이 크죠. 우리나라의 청담동 정도로 생각하시면 돼요. 청담동에서 유행하기 시작하면 결국 강남을 거쳐 강북까지 가듯이 뉴욕도 유행의 중심지이니 여기서 잘되면 게임 끝이죠."

결과적으로 반대와 긍정적인 대답이 50:50으로 갈렸다.

그래서 나는 되는 이유와 안 되는 이유를 종이에 적으며 정리해 보았다.

먼저 되는 이유부터 적어 보았다. '뉴욕에 매장을 오픈하면 이것은 분명히 안테나 샵의 역할을 할 것이다. 그리고 전 세계 사람들이 모여드는 곳이니 만큼 뉴욕 사람들 이외에도 세계 사람들에게 선보인다는 장점이 있다. 만약 이곳에서 성공한다면 LA나 한인 타운은 물론 동남아나 일본, 중국 등지로 확장하기가 수월하다. 200평 규모로 오픈을 한다면 이슈거리가 될 수 있어 국내에서도 성공적인 해외 진출의 상징이 될 것이고 마케팅적으로도 힘을 받을 수 있다.'

이어서 안 되는 이유를 적어 보았다. '매장 임대료가 비싸서 크게 손실을 볼 수 있다. 아직은 우리가 뉴욕에 네트워크가 없어서 매장 하나로만 승부해야 하기 때문에 한계성이 있다.'

그런데 적다 보니 이 두 가지 이유 이외에 크게 안 될 만한 이유는 찾을 수 없었다. 가장 큰 문제는 임대료가 비싸다는 것인데 현실적으로 따져서 우리나라 강남 지역과 비교하면 그리 비싼 편도 아니라는 결론을 얻었다. 뉴욕 200평 매장 월 임대료는 1억3천만 원인데, 대신 보증금이나 권리금이 없다. 반면 강남이나 압구정의 경우에는 보증금과 권리금이 비싸기 때문에 두 지역을 비교해 보면 뉴욕의 임대료가 우리가 생각하는 것만큼 어마어마한 액수는 아니라는 생각이 들었다. 더욱이 정리를 해 보니 안 되는 이유보다 되는 이유가 훨씬 많고 만약 성공할 경우 속된 말로 '대박'이었다.

12월 중순, 우리는 뉴욕 중심지에 지하 1층, 지상 1층, 총 200평 규모의 매장을 계약했다. 뉴욕 매장은 2011년 7월 그 모습을 드러낼 예정이다.

압구정 본점은 일주일 만에 결정을 내리고 계약했었는데, 뉴욕 매장은 그 보다는 좀 더 신중함을 기해 한 달 만에 결정을 내리고 진행했다. 아직까지 우리는 거대기업은 아니기에 의사 결정에 있어 신속하다는 장점이 있다. 만약 우리가 큰 기업들처럼 어떤 한 안건에 대해 결정을 내리기까지 수많은 분석과 온갖 도식으로 치장한 보고서를 위로 올리며 긴 결제라인을 거쳐야 했다면 카페베네의 빠른 성장은 불가능했을 것이다. 현장에서보다 분석과 보고서를 작성하는 데 대부분의 시간을 보내야 했을 테니 말이다.

나는 사업에 있어서 수치와 분석보다는 직관과 경험치가 더 중요하다고 믿는 사람 중의 하나다. 그것은 지금까지 경험을 바탕으로 한 판단과 순간적인 직관이 더 정확할 때가 많아서이기도 하다. 물론 커피 사업의 특수성, 즉 커피 사업은 맛과 이미지에 민감하다는 부분을 배제할 수는 없을 것이다. 맛과 이미지는 수치로 표현할 수도, 분석의 잣대로 분석할 수 있는 부분이 아니기 때문이다. 그래서 어떤 결정을 내릴 때 지나친 분석은 스스로 자제하는 편이다. 그로 인해 오히려 중요한 부분과 타이밍을 놓칠 수 있기 때문이다.

사업에서 가장 중요한 것은 세밀한 분석을 통해서 정확성을 추구하는 것보다는 여러 가지를 조합해 큰 그림을 그리는 작업이라고 생각한다. 특히 리더는 큰 그림을 그리는 데 능숙해야 한다. 나무 하나하나를 쳐다보다 보면 전체 숲의 모양을 볼 수 없다. 숲을 보기 위해서는 높은 곳에 올라가 전체를 조망해야만 한다. 그렇게 전체를 조망하고 나면 오히려 개개의 나무를 정확하게 파악할 수 있다. 나는 카페베네의 사업 전략을 짤 때도 먼저 큰 그림을 그리고 그에 따른 세부사항을 정하고 데이터를 활용했다. 그렇지 않으면 오히려 지엽적인 문제에 집착해 길이 보이지 않을 때가 많다.

뉴욕 매장을 결정할 때도 결국 잔가지들을 모두 쳐내고 가장 중요한 부분에 초점을 맞췄다.

'이제 우리가 해야 할 가장 중요한 임무는 해외 진출이고, 해외 진출에 성공하기 위해서는 가장 중심이 되는 지역에서 시작해야 한다. 설사 실패한다 해도 그것은 성공을 위한 투자일 뿐이다. 그리고 뉴욕에서 실패한다면 어느 곳에서도 성공할 수 없을 것이다. 지금 해야 할 일은 실패를 두려워하는 것이 아니라 어떻게 성공할 수 있을지 성공 전략을 짜는 일 뿐이다.'

'스타벅스 매장 수를 넘어선 토종 브랜드의 힘'
'연매출 1천억, 매장 개수 기준 업계 1위'
'드라마 속 브랜드와 매장 노출로 간접광고 1인자 등극'

‘빈익빈 부익부’라는 말은 성공에도 그대로 적용된다. 우리는 사람들의 관심의 중심에 서서 온갖 스포트라이트를 받고 있으며, 그 스포트라이트는 하나의 추진장치처럼 우리의 성공에 가속도를 붙여주고 있다. 그러나 아직 우리의 진정한 성공은 시작되지 않았다. 전 세계 커피 시장을 놓고 본다면 2조에 이르는 한국의 커피 시장은 점에 불과할 뿐이다. 그래서 카페베네는 시작한 지 2년 만에 해외로 눈을 돌렸고, 해외 진출의 발판을 뉴욕에 마련했다. 그런데 해외의 거인들과 맞서 싸우기 위해서는 내적인 성장과 내실의 강화가 무엇보다 중요하다는 판단을 내렸고 현재 관리 측면에 최대한 초점을 맞추고 있다.

카페베네는 2년의 성장 기간 동안 3단계의 단계를 거쳐 왔다. 첫 번째 단계에서는 우수한 매장 개발에 노력을 기울였다. 매장이 몇 개 되지 않는 상황에서는 인지도가 낮기 때문에 인지도를 올리는 데 주력해야 한다. 인지도를 올리기 위해서는 광고활동이 중요하지만 프랜차이즈의 경우 초기에는 매장의 확보가 광고만큼 중요하다. 특히 중심지에 큰 평수의 매장들을 많이 오픈할수록 고객이나 커피 매장을 열고 싶어 하는 사람들에게 신뢰를 심어줄 수 있다. 규모가 있는 회사라는 느낌을 전달할 수 있고 앞으로의 가능성을 시사하기 때문이다. 본점의 규모와 브랜드 파워는 곧 매출을 상징하므로 이 단계에서는 확장에 총력을 기울여야 한다. 그러나 초기에는 가맹점을 하겠다고 찾아오는 고객들이 많지 않기 때문에 우리는 대형 매장과 중심지역을 확보하기 위해 건물주와 합작을 하거나 매장을 갖고 있는 사람들과의 윈윈 방식으로 매장을 늘려 나갔다.

　매장이 늘어나면서 어느 정도 인지도가 올라가고 다른 브랜드들과 어깨를 나란히 하는 시점이 되어서는 광고와 마케팅에 주력했다. 이 단계에서는 가맹점주들이 찾아오기 시작하고 매장들이 자체적으로 늘어나기 때문에 오프라인 매장보다는 영상이나 매체를 통한 노출 효과를 극대화함으로써 브랜드를 알리고 고객들이 참여할 수 있는 이벤트를 적극 유치해 이미지 개선에 힘을 기울였다. 다른 브랜드들보다 노출 빈도를 높이고 차별화된 이미지를 심어줌으로써 고객들의 머릿속에 우리를 확실하게 포지셔닝하는 것이다.

　그 단계를 거쳐 업계 1위로 올라서면 그 다음부터는 관리가 최고의 과제가 된다. 관리는 두 가지 측면으로 나누어 생각할 수 있는데, 하나는 브랜드의 이미지 관리이고 다른 하나는 가맹점의 관리다. 이 단계가 되면 매장이 매장을 부르기 시작한다. 즉, 우리가 찾아 나서기 이전에 가맹점주들이 줄을 서기 시작한다. 또한 이 단계에서는 브랜드 인지도나 이미지가 정점의 단계에 이르기 때문에 공공 건물의 공개입찰에서도 좋은 결과를 얻게 된다. 결국 선순환의 구조가 확립되어 점포 개발에 힘쓰지 않아도 매장 개수는 자체적으로 늘어난다.

　매장이 100개가 넘어서기 시작하면 관리가 쉽지 않은데 본사에서는 오히려 더 철저한 관리를 실시해야 한다. 그렇지 않으면 브랜드 자체가 타격을 입고 더 이상 프랜차이즈를 전개하기 힘든 위기에 처할 수 있다. 그래서 우리는 커피 사업에 필요한 모든 조항을 꼼꼼히 매뉴얼로 정리하고 그 모든 과정을 각 카페베네 매장에서 준수하고 있는지 슈퍼바이저들이 각 매장을 돌면서 하나하나 체크한다.

이 단계에서는 전체 매장이 카페베네라는 브랜드를 제대로 유지할 수 있도록 하는 것이 가장 중요하기 때문에 교육사업이 가장 중심에 자리잡기 시작한다. 프랜차이즈 사업은 궁극적으로는 교육사업이라 해도 과언이 아니다. 교육을 통해 본사에서 개발하는 모든 과정을 각 가맹점들에서 그대로 실현할 수 있어야 하기 때문에 철저한 교육이 곧 프랜차이즈 사업의 성공으로 이어진다.

이미지 관리는 고객들에게 카페베네 브랜드의 가치를 심어주는 것이다. 세계의 젊은이들이 'just do it' 광고에 열광하고 나이키를 신는 것을 하나의 자부심으로 여기듯, 카페베네를 찾고 카페베네를 소비하는 것이 그들의 문화이자 하나의 자부심이 되도록 만드는 것이다. 그래서 우리는 젊은이들을 위한 문화행사에 적극적인 후원을 아끼지 않고 있으며 각종 이벤트를 만들어 내고 있다. 인도네시아 농장에 파견되어 봉사를 제공하고 국내에서 모금한 교육지원금을 전달하는 등의 민간 외교 활동을 펼치는 청년봉사단, 카페베네 대외 홍보활동에 직접 참여하는 대학생 홍보 도우미, 각종 공모전 등이 이러한 캠페인의 일환으로 진행되는 행사들이다.

이러한 노력들이 모여 카페베네는 디지털 조선일보가 주최하는 '소비자가 뽑은 가장 신뢰하는 브랜드 대상'에서 커피 전문점 부문

2년 연속 선정되었다. 운영자의 입장이 아닌 고객의 입장에 서서 생각하고 고민해 온 노력의 결실일 것이다.

이제 카페베네는 단시간에 쌓아 온 빛나는 결실들이 무너지지 않도록 유지하고 관리하는 데 주력해야 하며 이것이 국내 커피 시장에서의 임무를 완성하는 길일 것이다.

대한민국을 넘어
세계 시장으로

내가 커피 사업을 시작한 1998년 이래 원두커피 시장은 연 10%씩 성장하며 현재 1조 원 시장에 이르렀다. 그 사이 각 브랜드들은 커피 시장에서 한 치의 땅이라도 더 차지하기 위한 전쟁을 지속하고 있다. 한국의 원두커피 시장은 아직도 성장 가능성이 크다 해도 과언이 아니다. 2조 원이 넘는 커피 시장에서 원두커피 시장 규모는 1조 원 정도로, 원두커피 시장이 전체 커피 시장의 92퍼센트를 차지하는 미국과 비교해 본다면 아직도 무한한 가능성이 열려 있는 것처럼 비친다. 그러나 성장 속에서도 업체들 간의 각축은 치열하며, 몇 개의 대형 브랜드들이 시장을 잠식하면서 중소형 업체들은 존립 자체가 상당히 위협을 받고 있는 것이 현실이다. 2000년 초·중반만 해도 수백 개의 가맹점을 보유하고 있던 중소형 커피 전문점이 현재 매장 개수가 절반으로 줄어든 것을 보면 우리나라 커피 시장도 대형화가 진행되고 있음을 알 수 있다.

그런데 내가 해외 시장을 둘러보며 느낀 점은 치열한 한국의 커피 시장에서 눈을 돌리면 저 밖에는 더 큰 시장과 가능성이 존재하고 있다는 것이다. 우리는 그 시장에서 성공할 만한 충분한 자질과 능력을 갖고 있다. 미국 전역에는 스타벅스가 300억을 투자한 '핑크베리(pink berry)'라는 브랜드가 있다. 이곳에서는 과일을 토핑한 요거트 아이스크림을 판매하는데, 나는 이 매장을 들른 순간 레드망고를 떠올렸다. 맛도 별반 차이가 없어 레드망고에서 아이디어를 얻은 것이 아닌가 하는 생각까지 들었다. 핑크베리 매장이 현재 100개를 넘어선 것을 보면 미국 시장에서도 이러한 콘셉트의 브랜드가 인기를 끌고 있다는 것을 알 수 있다. 그리고 인도네시아에 들렀을 때도 요거트 아이스크림 전문점이 곳곳에 생기는 것을 보고 무릎을 쳤다.

요즘 해외에 이런 요거트 아이스크림 전문점들이 생기는 것을 보면 우리는 그 종주국이라는 생각이 든다. 우리나라에는 이미 예전부터 요거트 아이스크림 전문점들이 있어서 우리는 이전부터 그것을 즐겨 먹고 있지 않은가. 그런데 우리는 그것을 세계적인 브랜드로는 키우지 못했다. 한마디로 크게 사업화하지 못한 것이다. 요즘 해외에 생기는 브랜드들을 보면 아이템만 차용한 해외 자체 브랜드들이 많다.

뉴욕에 가서 시장조사를 할 때도 한 가지 사실을 발견했다. 우리나라는 요즘 커피 전문점이 2미터마다 한 개 있을 정도로 넘쳐나고, 개인 브랜드의 커피 전문점도 셀 수 없을 정도로 많다. 그러나 미국에는 커피 전문점이 스타벅스 이외에는 그다지 많지 않고, 주로 레스토랑이나 음식점에서 음료 중의 하나로 커피를 판매한다. 그리고 미국은 실용주의인 만큼 커피 맛에 신경을 쓰지 부차적인 부분은 중시하지 않는다. 그래서 인테리어나 음식을 담는 컵, 식기 등에는 크게 신경을 쓰지 않는다. 그냥 심플한 모양과 디자인에 음식을 담는 그릇으로서의 역할에 충실하면 된다는 식이고 인테리어도 결코 화려하지 않다.

그러나 우리나라 카페들을 떠올려 보라. 우선 여성 고객들을 사로잡기 위해서는 화장실에 승부를 걸어야 한다. 설사 카페의 내부 인테리어가 훌륭하지 않더라도 고객이 화장실에 들어갔을 때 감동을 받을 수 있다면 확실히 좋은 카페로 인정받을 수 있다. 그래서 개인 브랜드의 카페들은 특히 화장실 인테리어에 신경을 쓴다. 전체적으로 대부분의 카페들이 인테리어가 뛰어나고 식기 하나하나에서도 세심함을 느낄 수 있다. 카페베네의 인테리어도 미국에 진출하면 확실히 차별화되는 강점이라 할 수 있다. 우리나라의 커피 전문점들은 전체적인 포장이 매우 뛰어나다고 평가할 수 있다. 다른 나라들과 비교해도 결코 손색이 없다. 특히 서구와 비교하면 디테일과 세심함에 있어 상당히 앞서 있다.

이러한 관점에서 보자면 우리나라는 아이템 발굴, 인테리어, 디테일에 있어 세계 시장에서도 경쟁력을 갖추고 있다. 그런데 그것을 사업화하는 능력은 부족한 듯싶다. 스타벅스만큼 성공한 커피 브랜드도 없음은 물론 세계적인 브랜드로 성장한 식음료 사업도 없다. 나는 개인적으로 사업의 롤모델로 SPC 그룹을 꼽는다. 우리나라 식음료 업계에서 가장 성공한 기업이라고 생각하기 때문이다. 그러나 우리나라에서 가장 성공한 SPC 그룹도 해외진출에 있어 아직까지는 큰 성공을 거두었다고 평가하기 어렵다. 미국과 중국 등지에 진출해 좋은 반응을 얻고 있다고 하지만 세계 각지로 빠르게 뻗어나가고 있는 상황은 아니다. 결론적으로 토종 브랜드로서 세계화에 성공한 식음료 브랜드는 없다고 봐야 할 것이다.

그런 의미에서 한국의 커피 업계가 나아가야 할 방향은 국내 시장에서의 소모전이 아니라 필요한 부분은 서로 협력해 세계적인 브랜드들과 맞서야 한다고 생각한다. 마치 각자의 이익을 달리하는 유럽 각국이 미국이라는 패권국에 대항한다는 목표 아래 유럽연합이 되어 하나로 뭉치듯 우리도 거시적인 목표, 즉 세계적인 브랜드에 대항해 세계적인 브랜드가 된다는 목적 아래 하나로 뭉칠 필요가 있다. 파이가 커야 각자 나누어 가질 몫이 커지는 법이므로 국내 시장이라는 작은 파이를 놓고 서로 혈투를 벌이기보다는 세계 시장이라는 큰 파이를 각자 나누어 가지기 위해 보다 의미 있고 현실적인 연합을 실현하는 것이다. 그것이 경쟁이 아닌 상생을 통해 커피 산업이 보다 빠르게 발전시킬 수 있는 최상의 방법일 것이다.

해외 진출에 있어 우리는 이미 하나의 병기를 갖추고 있다. 그것은 앞에서도 말했듯이 아이템 발굴, 인테리어, 디테일 등 소프트웨어적인 부문에 있어 다른 어느 나라보다도 앞서 있다는 점이다. 다만 여기에 철저한 사업성이 뒷받침되어야 한다고 생각한다. 시장에 대한 정확한 파악, 즉 각 시장 소비자들의 성향을 정확하게 읽어내고 그에 따른 마케팅이 전개되어야 한다.

예를 들면, 지역적으로 가까운 일본과 우리나라의 경우 소비자들의 성향이 상당히 달라 일본에서 유행하는 상품이 우리나라에 들어오면 고전하는 경우가 상당히 많다. 취향, 국민성, 관점들이 서로 다르기 때문에 선호하는 성향이 달라지는 것이다. 하물며 멀리 떨어져 있는 해외의 경우에는 이러한 경향이 더 뚜렷이 나타날 수밖에 없다. 그래서 세계적인 음료인 커피라 해도 철저히 현지화하는 작업이 무엇보다 중요하다. 또한 해당 국가의 네트워크를 잘 활용해 인프라를 구축해야 한다. 카페베네가 커피와는 동떨어져 있는 싸이더스와 손잡고 시너지 효과를 창출했듯이, 해외에서도 사업을 확대하는 데 하나의 병기가 될 수 있는 파트너들과 손을 잡아야 한다. 그들과의 상생 또한 해외 진출의 성공을 좌우하는 결정타가 될 수 있기 때문이다.

수학에 있어서 '1+1=2'이지만, 사업에 있어서 '1+1=무한대'가 될 수도 있다. 아인슈타인이 발견한 '$E=mc^2$' 속에 엄청난 위력이 잠재해 있듯 사업을 하는 데 있어 폭발적인 에너지를 제공할 수 있을 것이다.

'중용(中庸).'

몇 년 전부터 내 방에 붙여 놓은 두 글자다.

98년 사업을 시작해서 할리스 커피를 팔 때까지 내 인생에 있어 가장 중요한 축은 일이었다. 아니 내 머릿속에는 언제나 일에 관련된 생각으로 가득 차 있었다. '어떻게 하면 매장을 늘릴 수 있을까?' '어떻게 하면 브랜드를 알릴 수 있을까?' '어떻게 하면 성공적인 브랜드가 될 수 있을까?' 이런 생각들로 나는 주위를 둘러볼 여유가 없었다. 시간적 여유 이상으로 마음의 여유가 없었다는 표현이 더 적당할 것이다.

그때는 '할리스 커피를 스타벅스 다음가는 브랜드로 만들겠다'는 목표가 내 인생의 전부라고 생각했던 듯싶다. 그리고 나는 그 목표를 향해 죽을힘을 다해 뛰어갔다. 그러다 할리스 커피를 떠나 보내고 3년 동안의 공백기가 생기자 이제는 거꾸로 남들보다 더 시간적으로 여유로워졌고 혼자 생각할 수 있는 시간도 많아졌다. 그러면서 나는 내 자신을 돌아볼 수 있었고 '인생에서 진정으로 중요한 것이 무엇일까'에 대해 고민했다. 그때 얻은 결론은 '행복을 누리기 위해서는 어느 한쪽에 치우치지 않고 균형을 유지할 줄 알아야 한다'는 것이었다. 나는 토종 브랜드를 키우겠다는 국가를 위한 목표에 매진

하면서도 그때까지 정작 내 자신의 행복과 내 삶의 의미에 대해서는 한 번도 고민해 본 적이 없었다. 그러면서 삶에서 중요한 많은 것들을 놓치기도 했다.

이때부터 내 삶의 좌우명을 '중용'으로 정하고 지금까지도 그렇게 살기 위해 노력하고 있다. 그리고 카페베네에 합류해 커피 업계에 복귀했을 때 그러한 관점을 최대한 사업에도 적용하려고 노력했다. 어느 한 분야가 독보적으로 뛰어나지 않더라도 모든 분야에서 70점 이상이 되려고 노력했다. 그런데 전체의 조화를 끌어내려는 노력이 오히려 전체적으로 뛰어날 수 있는 긍정적인 효과를 불러왔다. 아마도 조화로움이 주는 긍정적인 에너지가 작용한 것은 아닐까, 혼자 추측해 보기도 한다.

나는 요즘 소위 사회적으로 성공한 사람들이나 돈이 많은 사람들을 많이 만난다. 그런데 아이러니하게도 많은 사람들이 부러워하는 위치에 있는 사람들 중에 진정한 행복을 누리는 사람들을 거의 찾아볼 수 없었다. 모두들 성공과 돈을 향해 달려가다가 삶에서 진정으로 중요한 것들을 놓쳐 버리고, 성공과 돈을 거머쥐는 순간 더 큰 성공과 돈에 욕심이 생겨 무엇을 위해 성공을 하고 돈을 버는지 진정한 목적을 망각하는 것이다. 그리고 놓쳐 버린 것들에서 외면당하며 더욱 성공과 돈에 집착하고 만다.

돈을 벌고 자신의 분야에서 성공해야 하는 진정한 목적은 보다 행복한 삶을 누리기 위해서다. 돈은 더 편안한 삶을 보장해 주고 성공은 자아실현이라는 성취감을 심어줌으로써 활기찬 삶을 살게 해 준다. 그러나 만약 돈과 성공이 자신의 삶에 행복을 가져다주는 것이 아니라 오히려 많은 것을 잃게 만드는 주범이 된다면 그 순간 균형을 유지하기 위해 그리고 조화로운 삶을 만들기 위해 더 가치 있는 것에 노력을 기울여야 한다.

커피 프랜차이즈 사업이 단지 맛만 좋다고 해서 성공할 수 있는 것이 아니라 마케팅, 맛, 시스템이 어우러질 때 성공을 부르듯 행복도 마찬가지다. 돈이 많다고, 또는 사회적 지위가 높다고 해서 삶이 행복한 것은 아니다. 그것은 우리 주위를 둘러 봐도 쉽게 발견할 수 있다. 돈, 성공, 사랑, 나눔이 우리 인생에서 서로 상생을 이룰 때 진정한 행복은 반드시 우리 곁을 찾아올 것이다.

부록

Caffé bene
Story

대한민국 커피 업계의 신화
강훈의 성공 철학

구체적인 목표보다 철학이 우선이다

자기계발서들을 보면 이런 구절이 자주 나온다.

'성공하려면 구체적인 목표를 세워라!'

이것은 결코 틀린 말이 아니다. 그러나 나의 목표는 이런 성공의 원칙과는 조금 달랐다. 할리스 커피 사업을 할 때의 목표는 '토종 브랜드를 만들어 스타벅스 다음으로 큰 브랜드를 만들자'였고, 카페 베네를 경영하면서는 '스타벅스를 능가하는 토종 브랜드로 키워 세계 커피산업에 도전하자'로 목표가 바뀌었다. 정확한 상이나 숫자로 표현되지 않으니 어떻게 보면 매우 모호하게 느껴질 수도 있을 것이다.

그러나 만약 내가 인생의 목표를 '나는 5백억을 벌겠어'라고 세웠다면 아마 지금의 위치에 오지 못했을 것이다. 나는 사업을 하면서 내가 금전적으로 손해를 보더라도 항상 사람을 먼저 챙겼다. 돈이 목표가 아니라 진심으로 커피 시장에서 토종 브랜드를 우뚝 세우고 싶었다. 내가 지금까지의 성과를 거두는 데 결정적인 역할을 한 것은 인맥 네트워크였지 자본이나 돈이 아니었다. 사업을 하면 자금은 언제나 부족하게 마련이다. 넉넉한 자본을 가지고 사업을 시작할 수 있는 사람은 그리 많지 않다. 설사 돈이 많아서 넉넉한 자본을 갖고 시작한다 해도 성공 확률은 그다지 높지 않다.

부족한 자본을 메워줄 수 있는 유일한 원천은 인맥 네트워크와 자신의 일처럼 일을 처리해줄 수 있는 조력자들이다. 내 주위에 사람이 모이게 하고, 결정적인 순간에 사람들이 나를 도와주도록 만들수 있는 요인은 평소에 내가 손해를 보더라도 그들에게 이익을 주는 것이며, 그들에게 비전을 보여주는 것이다.

큰 성공을 거두기 위해서는 구체적인 목표보다는 성공 철학이 필요하다고 생각한다. 어떤 사람이 '나는 장관이 되겠어'라고 목표를 세웠다고 하자. 우리나라 장관들을 보라. 대부분이 단명이지 않은가! 그 자리에 올라가면 공권력을 사욕을 채우는 데 사용하기 때문이다. 그러나 '나는 장관이 되어 청년 실업자들에게 일자리를 마련해 주겠어'라는 보다 공익적인 목표와 성공 철학을 세운다면 자신의 목표를 이루면서 더불어 사람들에게 존경받는 장관이 될 수 있다.

목표가 단순히 돈과 성공이라면, 그것을 이룬 뒤에 더 큰 욕심이 생기게 마련이다. 그렇기 때문에 돈과 성공을 어떻게 가치 있게 사용할 것인지 성공 철학을 세워야 하는 것이다. 그것은 내가 목표를 잃고 헤맬 때 등대 역할을 하며, 사람들에게 비전을 보여줌으로써 나의 조력자로 만들 수 있는 원동력이 되어준다.

구체적인 목표를 세웠다면, 한걸음 더 나아가 성공 철학을 세우라. 그것이 성공과 행복을 동시에 잡는 비결이다.

누구도 대신할 수 없는 내 일을 만들어라

갈수록 평균수명은 길어지고, 정년퇴직의 연령은 낮아지고 있다. 이 것이 무엇을 의미할까? 이제 실업 문제는 비단 청년들에게만 국한된 것이 아니라, 전 연령대에 해당된다는 얘기다. 정년퇴직을 하고 나서 또는 명예퇴직을 하고 나서도 긴 시간 동안을 우울하게 보내지 않을 수 있는 인생의 플랜이 갈수록 절실해지고 있다.

대다수 직장인들이 회사에서 하는 일은 그렇게 특별하거나 전문 적이지 않다. 1~2년 정도 배우고 익히면 누구나 할 수 있는 일이다. 그래서 다른 사람으로 대체된다 해도 크게 지장이 없다. 이 말은 냉 정하게 말해 직장생활의 경력이 자신만의 특별한 무기가 될 수 없다 는 것이다.

내 경우에는 회사를 다니면서 한 순간도 그곳이 평생직장이라는 생각을 해 본적이 없다. 때문에 가급적이면 다양한 경험을 하려고 노력했고, 남들은 하지 않는 많은 시도를 했다. 내 사업을 하기 위한 연습의 장이라고 생각했기 때문이다. 오히려 그러한 생각이 남들보다 창의적인 생각을 할 수 있게 만든 원동력이 되기도 했다.

사람들마다 각자의 적성이 있기 때문에 모든 사람들이 자기 사업을 할 필요도 없고, 실제로 사업에 성공하는 사람들도 그렇게 많지 않다. 그러나 만약 자기 사업에 뜻이 있는 사람이라면, 직장을 다니면서 짧은 시간 안에 많은 일을 해 보려 노력하고, 가능한 한 많은 것들을 배워야 한다. 그리고 가능한 한 빨리 독립해서 자신의 일을 시작하라. 독립의 시기가 늦을수록 성공 확률은 낮아질 뿐이다. 나는 5년 동안 신세계를 다니고 서른한 살에 사업을 시작했다. 젊었기 때문에 체면을 차리지 않고 공격적으로 일할 수 있었고, 많은 실패와 성공의 경험을 통해 어떻게 해야 성공하는지를 스스로 익히고 터득할 수 있었다. 만약 내가 계속해서 직장을 다니다가 늦게 독립했다면 이러한 과정이 짧아졌을 것이고, 두려움과 타성으로 인해 안정적인 길만 가려고 했을 것이다. 그리고 그만큼 성공 확률이 낮아졌을 것이다.

만약 사업에 뜻이 없고 오래도록 직장생활을 원한다면 그곳에서 자신의 전문 분야를 개발하라. 나의 능력이 다른 사람으로 대체할 수 없는 경지가 되어야 그것이 내 평생 업(業)이 될 수 있다.

이제는 어떤 일을 하는지, 얼마나 전문적인지가 평생을 좌우하는 것이다. 긴 인생을 경쟁에서 밀리지 않고 안정적으로 살아가기 위해서는 평생직장이 아니라 평생직업을 찾을 필요가 있다.

누구나 하는 원론적 이야기에 진리가 있다

성공한 사람들의 자기계발서를 읽다 보면 한결같은 이야기를 접하게 된다. 긍정적으로 생각하라, 열정을 쏟아 부으라, 사람을 소중히 생각하라, 포기하지 말고 끝까지 하라, 남들보다 더 노력하라 등. 책을 읽어 봐도 비슷한 얘기뿐이고 새로운 것이 없을 때가 대부분이다. 마치 진짜 중요하고 실질적인 이야기는 쏙 빼놓고 원론적이고 고상한 이야기만 늘어놓은 것은 아닌지 의심이 들 때도 있을 것이다.

그런데 깊이 생각해 보면, 하나의 해답을 얻을 수 있다. 그것은 결코 원론적이거나 꾸며낸 이야기가 아니다. 성공한 사람들은 실제로 그러한 과정을 거쳐 성공을 거머쥘 수 있었고, 그 과정을 거친 사람만이 성공인이 될 수 있다. 그리고 그렇게 많은 사람들이 공통적으로 이야기하고 있다면 그것이 바로 진리인 것이다.

나는 성공한 사람과 그렇지 못한 사람의 차이는 아는 것을 제대로 실천할 수 있느냐 그렇지 못하느냐의 차이라고 생각한다. 같은 체인점을 가더라도 지점에 따라 맛과 서비스가 천차만별인 경우를 흔히 보았을 것이다. 성공의 방법, 성공의 노하우를 똑같이 배워도 그것을 실천하는 일은 결코 쉽지 않다. 자신의 상황, 자금력 등으로 인해 성공의 노하우를 그대로 따라하는 것도 한계가 있기 때문이다. 그런데 그렇게도 하지 못하는 경우가 대부분이다. 아무리 많은 자기계발서를 읽고 성공인들의 강의를 들어도 실제로 성공하는 사람들은 10%도 채 되지 못하는 이유도 이 때문일 것이다.

성공의 열쇠는 원칙을 아는 것에 그치지 않고 그것을 철저히 실행하는 실행력에 있다. 원칙을 철저히 실행하다 보면, 자신에게 맞는 방법을 체득하게 되고 자신만의 노하우가 생겨나게 마련이다. 따라서 남들이 시행착오를 거쳐 얻은 성공 노하우를 금과옥조로 여기고 성공을 향한 지침으로 삼아야 한다. 성공한 사람을 모델로 삼고 그 사람이 한 것을 그대로 따라하는 것도 한 방법이다. 그 길이 단시간에 자신을 성공의 고지로 데려다 주는 지름길인 것이다.

공룡이 만든 트렌드를 주목하라

중국의 유명한 경제학자인 랑셴핑의 강의 내용 중에 "주식시장에서 활황일 때 돈을 벌지 못하면 바보고, 침체기일 때 돈을 벌면 천재다"라는 문구를 본 적이 있다. 나도 경험이 있어 이 말이 가슴에 와 닿았다. 이것은 마케팅에서도 굉장히 중요한 이론이라 할 수 있다.

나는 천만 원을 주식에 투자했다가 몽땅 날린 경험이 있다. 그 후로는 절대 주식에 손을 대지 않았다. 그쪽에 소질이 없다는 사실을 알게 되었기 때문이다. 그러나 더 중요한 사실을 한 가지 깨달았다. 내가 주식을 했던 때는 다른 때도 아닌 IMF 때였다. 물론 주식시장이 심하게 요동치던 시기이기는 했지만, 전체적인 대세로 보자면 활황이 아니라 침체기였던 때라 할 수 있다. 그런데 나는 그 시기에 주식을 한 것이니 개미였던 나로서는 천만 원을 몽땅 날릴 수밖에 없었던 것이다.

커피 시장을 살펴보면 이 이론은 그대로 적용된다. 스타벅스가 한국에 들어오기 전 미국에서 스타벅스 형태의 에스프레소 카페들이 성행하는 것을 보고 개인들이 산발적으로 에스프레소 카페들을 열었었다. 그러나 당시는 한국에서 에스프레소 카페가 상당히 생소한 것이었고, 아직 스타벅스가 들어오기 전이라 개인이 새로운 시장을 연다는 것은 거의 불가능했다. 그 당시 에스프레소 카페는 한 발 앞선 커피 시장의 리더라 할 수 있다. 그러나 내 경우에는 스타벅스가 머지않아 한국에 론칭될 것이라는 사실을 알고 있었기에 그보다 약간 앞서 스타벅스 형태의 카페, 즉 할리스 커피를 시작한 것이다. 스타벅스라는 커피계의 공룡이 들어오면 곧바로 그런 형태가 커피 시장의 대세이자 흐름이 될 것이라고 판단했기 때문이다. 그리고 할리스 커피는 사업 초기에 철저히 스타벅스의 운영 형태를 좇았기 때문에 도태되지 않고 커피 시장에서 살아남은 것이라 생각한다.

이것은 다른 분야에서도 마찬가지다. 21세기는 창조의 시대라고 하지만, 창조는 공룡에게 맡기고 개미들은 공룡이 만든 트렌드를 따라 움직여야 노력과 비용을 들이지 않고 자신의 파이를 차지할 수 있다. 그러므로 언제나 대세에 주목하고, 그 대세에 어떻게 편승할 것인가를 고민하라.

난관에 부딪힐수록 오히려 대범해져라

일에서 그리고 삶에서 우리는 무수한 난관과 어려움에 부닥치게 마련이다. 성공은 이 무수한 난관을 뚫고 나가지 않으면 얻을 수 없다. 성공이 결승지점이라면 난관은 그 중간에 무수히 놓여 있는 장애물이라 할 수 있다. 나는 어려움이나 난관에 부닥치면 오히려 대범해지는 타입이다. 그런데 그것을 뚫고 나가면 언제나 더 큰 기회가 다가오곤 했다.

오픈일이 10일밖에 남지 않았을 때도 못한다는 생각보다는 무조건 해야 된다는 생각을 했고, 스타벅스가 소송을 하겠다고 나왔을 때도 한국을 무시하냐고 오히려 큰소리를 쳐 댔다. 카페베네를 진행하면서도 불가능해 보이고 어려워 보이는 상황에서도 언제나 정면돌파로 맞섰다. 그런데 신기하게도 그런 자세를 취하자 정말로 길이 뚫리기 시작하고 결과적으로 성공이 따라온다. 왜냐하면 남들이 못하는 것을 해내기 때문이다.

남들이 하는 것을 하면 평범한 사람에 머물지만, 남들이 하지 못하는 것을 하면 성공인이 된다. 그리고 그것이 성공의 시기를 앞당겨 주고, 성공으로 가는 관문이 된다. 따라서 힘든 일이 닥치고 어려움이 생기면 평소보다 두 배 아니 몇 배로 대담해져야 한다.

동물들도 자기보다 강한 상대를 만나면 몸의 부피를 늘리고 피부색을 화려하게 바꿔 적을 제압하듯, 강한 상대를 만나면 절대로 두려워하거나 움츠러들면 안 된다. 그 때문에 상대에게 더 무시를 당하고 만만하게 보일 수 있기 때문이다. 이제는 경쟁의 시대가 아니라 상생의 시대라고 말하지만, 상생의 밑바닥에는 분명히 이해관계가 깔려 있고, 약육강식의 원리는 지구가 멸망하는 그 순간까지도 지속될 것이다.

또 난관에 부닥쳤을 때는 돌아서 가는 방법도 있다는 사실을 염두에 두라. 원칙과 기본이 중요하고 그것을 지켜야 성공할 수 있다는 것은 진리이지만, 난관에 부닥쳤을 때는 정도(正道)를 피해 돌아서 가야 하거나 길이 아닌 길을 뚫고 가야 할 때가 더 많은 법이다.

원칙과 변칙을 병용할 때만이 큰 성공을 거둘 수 있다는 것은 사업을 하면서 내가 얻은 교훈 중 하나다.

사소한 것까지 완벽하게, 디테일에 집중하라!

큰 사업을 이루기 위해서는 전체를 보는 눈과 탄탄한 장기 전략을 세우는 것이 무엇보다 중요하다. 그런데 한 가지 잊지 말아야 할 것이 있다. 그것은 디테일에 소홀하지 말아야 한다는 것이다. 오케스트라의 지휘자를 생각해 보자. 지휘자는 악단 전체를 이끌며 조화를 끌어내지만, 단원 하나하나의 상황을 꿰뚫고 있다. 그 한 명 한 명을 제대로 파악하지 못하면 전체의 조화를 끌어낼 수 없을 뿐만 아니라, 곡의 전체를 제대로 지휘할 수 없기 때문이다.

나는 명품을 보면서 이래서 성공하는구나 라는 생각을 할 때가 있다. 물론 비싸기 때문에 제값을 하는 것도 있겠지만, 원단 선택, 부자재, 바느질, 마감 상태, 뭐 하나 빠지는 것 없이 완전함을 갖춘다. 그래서 오래 써도 쉽게 닳거나 망가지지 않기 때문에 싼 것을 여러 개 사는 것보다 결과적으로 돈을 절약하게 된다.

성공도 마찬가지다. 치열한 경쟁에서 살아남기 위해서는 사소한 것까지 완벽해지지 않으면 안 된다. 아니 오히려 그 사소한 차이가, 사소함의 완벽함이 성공을 이끌기 때문이다.

커피를 만들 때 가장 좋은 향을 낼 수 있는 온도와 시간이 있다. 끓기 직전의 온도, 즉 95~98도 사이의 온도가 가장 적당하고, 에스프레소추출시간은 1샷 기준으로 17~23초 사이가 적당하다. 아무리 좋은 원두를 사용해도 이 과정을 무시하면 좋은 원두를 사용한 효과가 전혀 없다. 그 작은 차이가 결정적인 효과를 내는 것이다.

디테일을 소홀히 하지 않는다는 것은 과정을 지킨다는 의미도 있다. 기본이 탄탄하지 않으면 응용력이 생길 수 없으며, 작은 난관이 닥쳐도 그대로 쓰러지기 십상이다. 지금 카페베네가 빠르게 성장할 수 있는 이유는 내가 할리스 커피 사업을 하면서 바닥부터 겪으며 많은 것을 배우고 그것을 카페베네에 적용했기 때문이다. 경험보다 좋은 교과서는 없으며, 과정을 제대로 건너갈수록 성공의 크기는 커진다는 것을 체험을 통해 배울 수 있었다.

군더더기 없이 심플하게, 결정체만 남겨라

자기계발서에서 이런 내용을 읽은 적이 있다. '사과 한 박스가 있으면 좋은 것부터 먹기 시작하는 사람이 있는가 하면, 대부분의 사람들은 썩은 사과부터 먹기 시작한다. 그런데 썩은 것부터 먹기 시작하면 결과적으로 내내 썩은 사과를 먹게 되고, 좋은 사과부터 먹기 시작하면 반 이상은 좋은 사과를 먹을 수 있다.' 많은 사람들이 버릴 것을 버리지 못해 잘못된 결과에 이른다는 뜻이다.

할리스 커피를 팔 때 주위의 많은 사람들이 자신이 키운 브랜드를 왜 파냐고 물어보는 사람들이 많았다. 물론 나 자신도 쉬운 결정은 아니었다. 그런데 지금 와서 생각해 보면 그 결정이 내 인생에 얼마나 많은 것을 가져다주었는지 내 자신에게 감사할 따름이다. 할리스 커피는 좋은 주인을 만나 스타벅스 다음으로 많은 매장을 열 수 있었고, 나는 카페베네를 만나 그때보다 더 전성기를 누렸고, 이제는 내 브랜드를 만들어 세계를 향해 조금씩 나아가고 있다. 나는 소유하는 것보다 버림으로 해서 얼마나 더 많은 것을 얻을 수 있는지 깨닫게 되었다.

'Simple is the best'라는 카피를 나는 매우 좋아한다. 스타벅스나 커피빈의 운영 방식을 보면 그들은 철저히 Simple하다. 필요한 최소한의 것만 남기고 불필요한 것은 모두 없애거나 바꿔놓았다. 나는 여기에 그들의 합리적인 방식이 그대로 녹아 있는 것이라고 생각한다. 심플해지기 위해서 필요치 않은 것은 계속해서 버려야 한다. 물론 처음부터 심플하기는 어렵다. 수없는 시행착오와 연습을 거쳐야 최상의 것만 남길 수 있고, 그런 과정을 거치다 보면 최후에는 결정체만 남을 수 있다.

만약 지금 당신의 삶이 행복하지 않거나, 혹은 일이 정말 마음에 들지 않는다면, 한 번 진지하게 생각해 보라. 내가 불필요한 것을 버리지 못하거나 혹은 앞날이 두려워 붙잡고 있는 것은 아닌지. 그것이 아니라면 마음에 들지 않더라도 그것이 최상이라 생각하고 최선을 다하라. 그러나 불필요한 것을 붙잡고 있는 것이라면, 지금 붙잡고 있는 것을 과감하게 놓아야 한다. 그렇게 해야 당신에게 더 큰 기회, 더 밝은 앞날이 다가올 수 있기 때문이다.

인맥도 다이어트가 필요하다

'발이 넓다'라는 말이 있다. 어떤 사람이 사람들을 두루 많이 알고 있을 때 우리는 이 말을 쓴다. 나는 사람들과 쉽게 친해지고 활동적인 편이라 발이 넓은 편이다. 따라서 넓고 다양한 인맥 네트워크를 갖고 있다. 그런데 어느 순간부터 인맥에도 다이어트가 필요하다는 생각이 들기 시작했다. 아무리 많은 사람을 알아도 관계를 지속적으로 맺고, 정작 자신이 정말 필요할 때 도와줄 수 있는 사람은 극히 제한적이다. 관계는 정성을 들이고 투자를 해야 유지될 수 있는데 많은 사람들에게 똑같은 시간과 정성을 쏟는다는 것은 불가능하다. 따라서 자신이 갖고 있는 인맥을 분류하여 정리해 보는 것도 의미가 있다.

우선 자신이 아는 사람들 중 생활하면서 직, 간접적으로 관계가 있는 사람들을 떠올려 보라. 그중 자주 만나고, 도움이 필요할 때 도움을 요청할 수 있는 사람들에게 정성을 쏟을 필요가 있다. 다음으로 아는 사람들의 중요도를 분석하여 중요도에 따라 중점적으로 유지하고 관리해야 할 사람과 일반적인 관계를 유지할 사람, 거리를 둘 사람 등을 정리한다.

부모와 자식의 관계가 아닌 이상 한쪽의 정성과 이해만으로 관계는 유지되기 어렵다. 관계에는 감정적인 투자는 물론 금전적인 투자도 필요하다. 명절 때가 되면 택배와 우편배달부 아저씨들이 유난히 바빠지는 이유도 이런 맥락이다. 친한 사이일수록 필요할 때 전화나 메시지로 안부를 묻고 간단한 선물 등을 보내 마음을 표현하는 정성도 필요하다. 이러한 정성이 관계를 더욱 공고히 해 주기 때문이다.

또한 자신의 위치가 확고할수록 더 많은 인맥이 형성된다. 유유상종이란 말이 있듯이, 자신의 위치와 하는 일의 성격에 따라 비슷한 부류의 사람들을 만나게 된다. 그래서 성공하면 성공할수록 더 좋은 인맥네트워크를 형성할 수 있는 것은 엄연한 진실이다. 따라서 언제나 노력을 게을리 하지 말고 성공을 거머쥐는 것도 좋은 인맥을 만드는 한 방법이다.

바늘구멍 뚫겠다고 애쓰지 말고 적성에 맞는 일을 찾아라

우리 사회에 청년실업이 심각한 문제로 떠오른 지 오래지만 여전히 뾰족한 해결책은 없는 것이 현실이다. 그런데 20대들을 보면서 느끼는 점은 너무나 획일화되어 있다는 것이다. 대부분이 영어공부에 매달려 토익이나 토플 점수에 목숨을 걸고, 대기업에 들어가려고 아등바등 애를 쓴다. 대학을 졸업하고도 국가고시나 공무원 시험을 준비하면서 여전히 도서관에 다니는 사람들을 많이 보아 왔다. 그러나 대기업이나 공무원의 자리는 한정되어 있기 때문에 대다수는 원하는 자리를 얻을 수 없다. 그리고 갈수록 그런 인력들이 적체되어 실업률은 갈수록 높아질 수밖에 없는 악순환이 되풀이되고 있다.

사람은 누구나 다른 적성과 장기(長技)를 가지고 있다. 모두 다 회사원의 적성, 공무원의 적성을 갖고 있는 것은 아니다. 실제로 대기업에 들어가 좋은 부서에서 일하면서도 적응하지 못해 불행하게 사는 사람들을 여럿 보았다. 일이 적성에 맞지 않고 조직생활이 생리에 맞지 않아 괴로워하면서도 다른 대안이 없어 참고 살아간다. 취직을 하지 못하는 20대들은 대기업에 취직하거나 자신이 원하는 직장만 들어가면 만사형통이라고 생각할지 모르지만, 결코 그렇지 않다. 요즘은 기업들의 정년이 점점 낮아지고 수시로 감원을 하기 때문에 직장에 들어가서도 오랫동안 자리를 유지하기가 쉽지 않다. 그리고 더 큰 문제는 자신이 하는 일이 자신의 적성에 맞지 않을 수도 있다는 것이다. 따라서 조건이 좋기 때문에 또는 남들이 모두 선망하는 일이라서 하려고 아등바등 애쓰고 있다면 앞으로의 더 긴 인생을 위해 그리고 자신의 미래를 위해 다른 선택을 해야 한다. 그 선택의 기준은 바로 자신의 적성에 맞는 일, 자신이 잘 하는 일이여야 한다.

20대와 30대 때는 많은 가능성이 열려 있는 시기다. 요즘에는 40대 때 새로운 분야에 뛰어드는 사람들도 많다. 우선 자신의 적성에 맞고 자신이 잘하는 분야의 일을 해야 성공 가능성이 높다. 자신이 하고 싶은 일과 자신이 잘하는 일이 맞아 떨어지면 가장 좋겠지만, 좋아하는 일을 하면서 살아가는 사람들은 그다지 많지 않은 것이 현실이다. 만약 자신이 일하는 분야에서 크게 성공하면 언제라도 자신이 하고 싶은 일을 할 수 있다.

좁은 바늘구멍을 뚫으려 애쓰지 말라. 그 구멍에 들어가지 못하면 좌절감을 느끼고 오히려 의기소침해질 뿐이다. 풀빵장사를 하더라도 그 분야의 최고전문가가 되고, 그것을 프랜차이즈화 하여 사업으로 연결하면 성공하는 것이다.

남들을 뒤쫓으며 평범한 사람으로 일생을 살거나 패배자가 되지 말라. 자신의 분야를 개척하고 그곳에서 최고가 되어 성공의 단맛을 만끽하라.

마지막까지 절대로 포기하지 말아라

얼마 전, 속이 많이 불편해서 병원을 갔다. 혹시 큰 병이 난 것은 아닌지 내심 걱정하며 의사에게 내 증상에 대해 한참을 장황하게 설명했다. 그런데 의사는 듣는 둥 마는 둥 하더니 내 배를 잠시 만져보고는 몇 마디 주의사항과 함께 휘갈겨 쓴 진단서를 건네주었다. 10분의 진료 시간 동안 내 설명이 7분 정도 되고 의사의 진료가 3분 정도였다. 나는 기가 막혀 그날 만난 친구에게 불평을 늘어놓았다. "도대체 우리나라 의사는 왜 그 모양이야. 불친절한 걸로 순위를 매기자면 아마 세계 제일일 거야. 아파 죽겠다는 데 내 설명은 거의 듣지도 않고 획 진료하고는 빨리 나가라는 식이더라고."

그런데 친구의 대답은 의외였다.

"왜 그런 줄 알아? 너무 심각한 환자들이 많아서 너는 아픈 축에도 못 드니까 그런 거야. 아마 별일 아니어서 그런 것 같으니까 오히려 기뻐하라고. 별 심각한 병도 아닌가 보네."

우리는 항상 자신이 겪는 상황과 난관이 지상최대라고 착각을 한다. 술자리에 가면 대부분의 이야기가 신세한탄과 무용담에 가까운 자신이 겪었던 어려움들이다. "내가 말이지, ○○도 겪었어. 다 지난 일이지만 말이야."

사업에 크게 성공한 사람들 중 많은 사람들이 몇 번 정도는 거지 신세까지 이르렀다가 다시 재기하는 과정을 거친다. 나 또한 사업을 하면서 찜질방에서 새우잠을 자고 차비가 없어 지하철을 뛰어넘은 적도 있었다. 누구나 자신의 고통은 한없이 크게 보이고, 왜 자신에게만 그런 일이 일어나는지 이해할 수 없다는 생각을 하기도 한다. 그러나 좀 더 큰 시야로 바라보면 누구나 그런 과정을 거치고 심지어 자신보다 더 큰 고통과 어려움을 겪는 사람들이 많다.

그런데 어떤 사람들은 절망감에 매몰되어 한없이 좌절하고 견디지 못하고 포기해 버린다. 자기계발서에 흔히 등장하는 비유가 있다. 물은 99도씨까지는 절대 끓지 않다가 100도씨가 되는 순간 펄펄 끓기 시작한다. 1도씨 차이지만 그 1도씨가 채워지지 않는 한 물은 영원히 끓지 못한다. 일도 마찬가지다. 나는 개인적으로 성공점이라는 것이 있다고 생각한다. 성공하기 위해서는 여러 가지 요소들이 모여 기반을 이루어야 하고 그 기반들이 쌓이고 쌓여야 한다. 그런데 그 기반이 다져지고 단단히 쌓이게 되면 어느 순간부터, 즉 성공점을 지나면 시너지를 내기 시작해 성공에도 가속도가 붙기 시작한다. 그 성공점에 이르는 순간까지 우리는 죽을힘을 다해 견디고 기다려야 한다.

그래서 나는 친구들이 일이 안 풀린다고 괴로워할 때마다 "조금만 버텨라. 꼭 버텨야만 한다. 버티고 버티면 되게 되어 있어. 그때까지만 참아"라고 충고한다. 그리고 그것은 내 경험에서 나온 조언이기도 하다.

힘든 순간이 닥치면 자신에게 기대를 거는 사람들을 떠올리라. 그것이 어려운 순간에 무너지지 않고 지탱하도록 해 주는 버팀목이 될 수 있다. 농구 천재 마이클 조던은 이렇게 말한다.

"저를 따르던 팬들이 모두 저를 저버린다 해도 저를 저버리지 않는 유일한 팬이 있습니다. 저는 그 사람을 위해 열심히 하지 않을 수 없습니다. 그분은 바로 저의 아버지입니다. 저를 믿고 따라주는 한 사람의 팬을 위해 저는 포기하지 않고 끝까지 최선을 다할 것입니다."

마이클 조던의 이야기를 읽으며 나는 완전히 동감할 수 있었다. 나도 그러니 말이다. 나도 일이 잘 안 풀리고 내 처지가 비참할 때 죽고 싶은 심정이 들 때가 있었다. 그러나 아버지가 떠올랐다. 내가 무엇을 하는지 잘 알지도 못하시지만 언제나 "너는 무엇을 하든 잘할 거다"라고 말해 주시는 아버지를 배반할 수는 없었다. 그것이 말뿐만이 아니라 진심으로 믿고 계시다는 것을 잘 알기 때문에 아버지의 기대를 저버리고 싶지 않았다. 그래서 그럴 때면 아버지를 떠올리며 그 상황을 견디고 버텼다.

신은 딱 견딜 수 있는 만큼의 시련을 우리에게 주신다고 한다. 폭풍이 친 뒤에 맑게 갠 하늘을 보라. 그 이상 푸를 수 없을 정도로 푸르다. 우리가 포기하지 않고 견뎌 내고 기다리면 분명 그 뒤에는 푸르른 인생이 우리를 기다리고 있다.

모든 문제는 단계적으로 해결하라

예전에 한동안 이런 농담이 유행했었다.

'코끼리를 냉장고에 넣는 법은?'

정답은 '조각조각 잘라서 넣는다'이다.

좀 끔찍한 방법이기는 하지만 여기에는 매우 유용한 진리가 담겨 있다. 우리는 살아가면서 삶이나 일에서 수없이 많은 문제와 마주한다. 직장생활을 하는 사람이든 사업을 하는 사람이든 스트레스를 받는 근본 원인을 돌아보면 거기에는 언제나 골치 아픈 문제들이 자리하고 있다. 그럴 때 문제를 해결하는 방법에는 여러 가지가 있겠지만, 가장 좋은 방법은 문제를 조각조각 잘라 분석해 보고 하나하나 풀어가는 것이다. 덩치가 큰 코끼리를 통째로 냉장고에 넣는 것은 절대로 불가능하지만, 코끼리를 조각조각 분해해 최대한 공간을 활용해 넣으면 그것은 결코 불가능한 일이 아니다.

일도 마찬가지다. 불가능하고 해결 방법이 없는 것처럼 보이는 난해한 일도 방법을 고민하다 보면 해결의 길이 보이게 마련이다. 다만 효과적인 방법을 찾아야 한다. 그것은 통째로 해결하기보다는 단계를 밟아 차례로 풀어가면서 부분적으로 하나하나 해결하는 것이다.

나는 카페베네에 처음 들어가며 "1년에 100개, 그 다음 2년째는 300개까지도 가능할 것 같습니다"라고 말했다. 대부분의 사람들이 아마 이렇게 생각했을 것이다. '이 사람 허풍쟁이 아니야? 말이 된다고 생각하고 말하는 것일까?' 그런데 나는 내 말을 그대로 현실로 실현했다.

만약 누군가 내게 '1년에 100개, 그 다음 2년째는 300개'라는 미션을 주었어도 나는 해결할 수 있었다. 그때 내 머릿속에는 이미 조각조각의 퍼즐을 맞춘 큰 그림이 그려져 있었기 때문이다. 나는 우선 큰 업체와 연계해서 도약의 발판을 만들었고, 그 다음 내부적인 시스템을 정비해서 대외적인 이미지를 업그레이드했으며, 다음 단계로는 내외적인 역량과 힘을 모아 사업이 확대되는 데 총력을 기울였다. 그리고 큰 그림에 맞춰 계속해서 계획들을 세분화하면서 단계적으로 진행했다. 만약 한꺼번에 이 모든 것을 하려고 했다면 결코 지금처럼 카페베네 매장이 빠른 속도로 확대되지 못했을 것이다.

어려운 문제에 부딪힐 때는 큰 코끼리와도 같은 어려운 문제를 조각조각 잘라 하나하나 정리해 보라. 그러면 거대하고 어렵게만 보이는 문제를 푸는 것은 단지 시간문제일 뿐이다.

Give(주고)한 뒤 Take(받다)하라!

요즘 페이스북이 한창 주가를 올리고 있다. 6단계 법칙이라는 것이 있는데, 이것은 온 세상 사람들이 여섯 단계의 아는 사람을 거치면 서로 연결되어 있다는 이론이다. 만약 이것을 그림으로 그리면 마치 커다란 거미줄이 이리저리 얽혀 있는 것처럼 보일 것이다. 페이스북은 이 6단계 이론을 웹상에 구현해 놓은 프로그램이라는 생각이 든다. 페이스북은 개개인들을 연결해 새로운 인맥 구조를 형성해 준다. 나라는 한 사람을 통해 내가 아는 사람들이 서로 친구가 될 수도 있고, 또 그 사람들이 그 지인들과 친구가 됨으로써 계속해서 관계가 확산돼 나간다.

인터넷에서 뿐만 아니라 실생활에서도 마찬가지다. 나는 사업상 많은 사람들을 만나게 되는데 사람들을 만나다 보면 '이 사람과 저 사람을 연결시켜 주면 서로 도움이 되겠구나'라는 생각이 들 때가 있다. 그래서 내가 나서서 사람들을 연결시켜 줄 때가 많은데, 그렇게 함으로써 많은 사람들이 도움을 받게 된다. 나 또한 그 방법을 통해 더 많은 인맥을 확보하게 되고 사업의 기회를 얻기도 한다.

인맥을 형성할 때 항상 염두에 두어야 할 것이 하나 있다. 'Give 하고 Take 하라'이다. 아주 이기적이고 인성이 나쁜 사람이 아니라면 대부분의 사람들은 받으면 미안한 마음을 한쪽에 간직하고 있다가 언젠가는 주려고 하는 성향을 갖고 있다. 그래서 나는 주면서 '꼭 받아내겠다'라는 생각을 전혀 하지 않는다. 나는 예전에 친구에게 1억을 투자하고 날렸을 때도 아깝다고 발을 동동 구르지도, 받아내겠다고 이를 악물지도 않았다. 우리의 인생에는 인과응보라는 자연법칙이 작용하고 있어서 만약 누가 누구에게 빚을 지게 되면 어떤 형태로든지 그것을 갚게 되어 있다. 그것이 꼭 금전적인 보상이 아니더라도 말이다. 그렇기 때문에 자신이 준 것을 아깝다고 생각할 필요도 없고, 받은 다음에 주겠다고 생각을 해서는 안 된다. 자신이 주지 않으면 돌아올 것이 없을 수도 있지만, 먼저 줌으로 해서 더 많은 것을 얻을 수 있기 때문이다. 그리고 단순히 내가 무엇을 얻기 위해 주는 것이 아니라 세상은 혼자 살아갈 수 없기 때문에 남과 나누면서 살아야 한다.

남에게 무엇을 베푼다는 것은 돈만 해당되는 것은 아니다. 마음, 시간, 정성도 인간관계를 끈끈하게 이어주는 매개체다. 그리고 때로는 이러한 것들이 상대방에게 더 큰 도움이 될 수 있다. 이러한 것들을 가능한 한 많이 베풀어 보라. 처음에는 미미하지만 그 결과물들이 쌓이다 보면 페이스북이 이루어 내는 인맥 그물망처럼 거대한 결과를 몰고 올 것이다.

모든 일은 철저한 계획을 세우라!

시간을 잘 활용하는 방법 중의 하나는 하루 일과를 시작하기 전 20분 정도 시간을 할애해 하루의 계획을 짜는 것이라고 한다. 아마 이것을 실천하는 사람은 많지 않을 것이다. 그러나 실제로 실천해 보면 쓸데없이 낭비되는 시간을 확실히 줄일 수 있다. 특히 하루의 일과가 끝났을 때 자신이 원래 세웠던 계획들을 실행했는지 체크한다면 더 효과적이다. 다이어리를 만들어 매일매일 이것을 기록하면 자신이 시간을 어떻게 사용하고 있는지 알 수 있고, 또 어떤 일에 많은 시간을 보내고 있고 어떤 일을 하고 있는지 체크할 수 있어 앞으로의 계획을 세울 수 있다.

이것은 일에서도 마찬가지이다. 어떤 분야에 대한 데이터가 일정 기간 쌓이면 그 기록은 역사가 되고 전체를 조망할 수 있는 시각을 제공한다. 경제에서도 미래의 경제와 주식시장 등을 정확하게 예측하는 사람들이 있다. 그 사람들의 예측은 장기간의 데이터 수집을 통한 데이터 분석을 통해 이루어진다. 모든 것에는 어떤 패턴이 존재하기 때문에 그 패턴을 파악하면 결과를 예측할 수 있는 것이다.

일을 하다 보면 어떻게 하면 성공하고 실패하는지 경험치가 쌓이게 된다. 그래서 '이렇게 하면 결과가 어떻게 되겠구나' 하는 것을 머릿속에서 그려볼 수 있다. 어떤 일에서 성공을 거두기 위해서는 그 경험치를 바탕으로 성공의 결과를 그려보고 그에 따라 하나하나 계획을 세워야 한다. 결과는 과정이 모인 합이기 때문에 과정이 정확하지 않다면 좋은 결과를 얻을 수 없는 것은 당연하다. 또한 프로세스에 따라 필요한 일만 진행하기 위해서는 사전에 철저한 계획이 필요하다. 이렇게 일을 진행해야 적은 시간, 적은 노력을 들여 최대의 효과, 최고의 결과를 얻을 수 있다.

목표는 항상 최대치로 잡고 최선의 결과를 내라

몇 해 전 수영선수 박태환이 세계 대회에서 금메달을 따며 온갖 CF에 등장한 적이 있었다. 그 뒤 2009년 로마세계수영선수권 대회에서 자신의 주종목에서조차 예선 탈락을 하자 곧바로 광고는 물론 TV에서 모습을 감추었다. 김연아 선수와 함께 진행하던 국민은행 광고에서도 박태환의 모습은 찾아볼 수 없었다. 그러다 2010년 광저우 아시안 게임에서 금메달 3개와 은메달·동메달을 각각 2개씩 차지하자 이제는 TV에서 연일 그를 만날 수 있다. 세상은 이렇게 그 결과로 우리를 판단한다. 이에 대해 빌 게이츠도 다음과 같은 유명한 말을 남겼다.

"세상은 당신 자신이 어떻게 생각하든 상관하지 않습니다. 세상이 여러분들에게 기대하는 것은 당신이 스스로 만족한다고 느끼기 이전에 무엇인가를 성취해서 보여주는 것입니다."

카페베네가 두 개의 매장에서 현재 500개 가까운 매장 수를 가진 기업으로 성장하기까지 그 모든 과정을 지켜본 나는 이러한 사실을 깊이 체험했다. 매장 수가 적고 브랜드가 알려지지 않았을 때 나는 언제나 발로 뛰며 모든 것을 일구어야 했다. 아는 인맥들을 총동원하고 필요한 곳에 찾아가 부탁하는 작업의 연속이었다. 그러나 카페베네 매장이 눈에 띄게 늘어나고 인지도가 치솟으며 거의 매일 우리에 관한 기사가 나오기 시작하자 더 이상 뛰어다니며 마케팅을 할 필요가 없었다. 우리와 연계해 일하고 싶어 찾아오는 곳이 매우 많아졌기 때문이다.

　일을 함에 있어서 과정은 분명히 중요하다. 그리고 좋은 결과를 내기 위해서는 충실한 과정이 동반되어야 한다. 그러나 가장 중요한 점은 반드시 좋은 결과를 내고 성공을 거두어야 한다는 사실이다. 우리가 과정에서 아무리 두각을 보여준다 해도 만약 결과가 좋지 못하다면 그것은 오히려 헛수고가 된다.

　그러나 과정이 설사 충실하지 않았다 해도 최상의 결과를 냈다면 환영을 받는 것이 현실이다. 그리고 직장인들이라면 그 결과를 바탕으로 보수를 받는다. 따라서 목표는 항상 자신이 할 수 있는 그 이상의 최대치로 잡을 필요가 있다. 100을 목표로 놓고 가는 것과 80을 목표로 놓고 가는 것은 그 결과에서 확연한 차이를 보여주기 때문이다. 100을 목표로 했을 때 설사 100을 성취하지 못하더라도 90의 성적까지는 성취하는 경우가 많다. 그러므로 일을 할 때 언제나 최상의 목표를 잡고 머릿속에 성공하는 모습을 끊임없이 그리라. 성공은 일종의 백지수표와도 같아 성공을 쟁취하는 순간 우리는 원하는 많은 것을 누릴 수 있다.

커피 사업을 시작하려는 사람들에게

몇 해 전부터 대학생들을 비롯해 직장인들 사이에서 커피 전문점 창업은 최고의 관심사로 자리잡았고, 중·장년층에서도 노후대책을 위한 인기 아이템 중의 하나로 꼽힌다. 커피 업계에 종사하는 나는 창업을 생각하는 사람들로부터 질문을 수없이 받는다.

"커피 전문점을 하면 얼마나 벌 수 있을까요? 커피는 원가가 엄청 싸다고 하던데 다른 업종보다 마진이 훨씬 좋지 않나요? 처음에는 어떻게 시작하는 것이 좋을까요?"

언젠가는 커피 전문점을 열겠다고 생각하고 있는 사람들에게는 얼마를 투자해 얼마를 벌 수 있을지가 최고의 관심사일 것이다.

요즘 직장인들 사이에서 커피 매장을 여는 것은 하나의 로망이 되었다. 마치 불안한 미래를 책임져 줄 해결책으로 인식되는 듯하다. 그러나 한 가지 진실은 커피매장은 '단시간에 고수익'을 보장해 주지는 않는다는 것이다. 더욱이 최고의 창업 아이템으로 각광을 받으며 이제는 한 건물에도 크고 작은 카페가 층마다 들어설 정도로 포화의 양상을 드러내고 있다.

더욱이 카페베네 등 유명 브랜드의 가맹점이 될 경우 수익성은 보장받을 수 있지만 자본금으로 5억 정도를 예상해야 한다. 그렇기 때문에 적은 자본으로 쉽게 시작할 수 있는 것은 아니다. 이렇게 시작했을 경우 매월 투자 대비 20%의 순이익을 얻게 된다.

단, 브랜드의 가맹점이 되었을 경우 본사의 매뉴얼을 따르면 되기 때문에 일하기 편하고 수익에 있어서도 안정적이다. 그러나 만약 단기간에 큰 수익을 원한다면 커피 전문점은 사실상 적합하지 않다.

만약 최고의 품질로 승부하고 싶다거나 자신의 브랜드를 프랜차이즈할 목표를 갖고 있다면 브랜드 가맹점이 아니라 개인 브랜드의 커피 매장을 열어야 한다. 브랜드의 경우 본사에서 요구하는 기준들을 지켜야 하기 때문에 자신의 취향에 따라 운영할 수 없다. 개인이 처음 커피 매장을 열 경우 보증금과 임대료를 제하고 인테리어 비용과 기계 장비 구입비로 1억 이상의 자본금을 준비해야 한다.

커피 전문점을 열 때 고려해야 할 사항으로는 우선 입지를 따져 봐야 한다. 어느 점포나 일반적으로 입지가 성공을 좌우하는 중요한 요소이지만, 커피 전문점의 경우에는 거의 90%를 좌우한다고 해도 과언이 아니다. 그래서 임대료가 비싸더라도 위치가 좋은 매장을 선택하는 것이 가장 중요하다고 할 수 있다. 간혹 입지가 좋지 않더라도 단골 고객들을 많이 확보해서 잘되는 매장들도 있기는 하지만, 이것은 점주의 수완이므로 일반적인 경우는 아니다. 요즘 매체에서 부추기는 경향이 있어 커피 전문점을 열기만 하면 돈을 벌 수 있다는 분위기가 팽배해 있는 일면도 있는 듯싶다. 그래서 의욕이 앞서 자기가 하면 잘될 거라는 착각에 빠지는 사람들이 많은데 현실은 결코 녹록치 않기 때문에 객관적인 판단을 내리는 것이 중요하다.

개인브랜드로 성공한 사례로는 '허형만의 압구정 커피집', '왈츠와 닥터만 커피' 등을 꼽을 수 있는데, 모두 커피 맛이 좋아 커피 애호가들 사이에서 입소문으로 알려지면서 유명해진 커피 전문점이다.

결론적으로 커피 전문점은 단기간에 고수익을 보장해 주는 사업은 아니지만, 다른 음식사업보다는 일에 있어 고되거나 조금 덜 힘들며,

유통사업처럼 재고를 쌓아 놓고 팔아야 하는 것이 아니어서 투자 대비 수익성이 좋고 안정적이다. 특히 은퇴 이후 노후 대비를 위해 또는 여성들이 운영하기에 적합한 아이템이라 할 수 있다.

십 년이면 강산이 변한다는 말이 있다. 1998년부터 사업을 시작했으니 내가 커피 업계에 몸담은 지 이제 13년이 되어 간다. 그동안 커피 업계의 강산도 참으로 많이 변화했다. 우뚝 솟아 있던 기업이 스러지기도 하고 한참 뒤처져 있던 기업이 점점 상승세를 타고 올라와 중견기업으로 자리를 잡기도 하는 등 커피 업계에도 많은 지각변동이 일었으며 그 변화는 지금도 쉬지 않고 진행되고 있다.

우리나라에 에스프레소 커피 시장이 처음 형성되던 90년대 말부터 커피 시장에 뛰어들어 지금까지 달려오면서 커피 시장의 지형변화를 직접 목격하고 체험할 수 있었던 것은 개인적으로 참으로 행운이 아니었던가 싶다. 그 과정에서 실패와 성공의 단맛과 쓴맛을 모두 맛보며 많은 것을 배울 수 있었기 때문이다.

이제 평생직장의 개념이 사라지면서 창업이나 자기 사업에 대한 관심이 그 어느 때보다 뜨겁게 달아오르고 있다. 그 가운데서도 커피 전문점은 직장들이나 일반인들 사이에서 가장 관심 있는 창업 아이템 중의 하나로 꼽히고 있다.

　나 또한 평범한 직장인으로 일하다가 독립해 사업을 시작했기 때문에 직장인들의 고민과 미래에 대한 불안감을 깊이 이해할 수 있다. 남들보다 일찍 독립해 사업을 시작하고 할리스 커피와 카페베네를 커피 시장에서 성공시킨 경험자로서 조언을 한다면, 만약 자기 사업에 뜻이 있거나 현재 자신의 모습에 만족하지 못하고 보다 의미 있는 삶이 무엇일까 고민하고 있다면 하루빨리 독립해 자신의 길을 가라고 권하고 싶다. 사람은 대부분 절박한 상황에서 자신도 생각지 못한 능력을 발휘하곤 한다. 나 또한 1998년 단돈 1,500만 원을 가지고 사업에 도전했다. 커피 전문점을 하고 있던 친구를 설득해 1,000만 원을 더 모았지만 10여 년 전이었다 해도 2,500만 원은 카페 하나 차릴 수 있는 금액이 아니었다. 그러나 뜻과 의지, 그리고 열정이 있다면 불가능은 현실로 바뀔 수 있다.

　사업을 시작한 이래 나는 온몸으로 부딪히며 커피 사업을 일구면서 언제나 멘토가 있으면 좋겠다는 생각을 하곤 했다. 메뉴 구성을 어떻게 하면 좋을지, 인테리어 콘셉트는 어떻게 잡아야 소비자에게 어필할 수 있을지, 마케팅은 어떻게 전개해야 적은 비용으로 큰 효과를 거둘 수 있을지 등 스스로 해결해야 할 문제들이 한두 가지가 아니었다. 적은 인력과 자본금의 한계 때문에 최대한 실패를 줄이는 방법을 알고 싶었고, 단시간에 성공으로 가는 방법을 배우고 싶었다. 그러나 나는 스타벅스가 국내에 론칭되기 한 해 전에 커피 사업을 시작한 관계로 참고할 수 있는 대상도 많지 않았고, 내게 그러한 조언을 해줄 만한 전문가들은 더더욱 없었다. 그래서 지금까지 스스로 터득하고 고민하며 달려올 수밖에 없었다.

10여 년 전과 비교하면 커피 시장은 크게 확대되었고, 이전보다 환경도 많이 좋아졌다. 그러나 예나 지금이나 변하지 않은 것이 있다면 치열한 경쟁은 여전히 지속되고 있다는 것이다. 그런데 2조 원이라는 한국의 커피 시장도 전 세계 커피 시장에서 보면 작은 점에 불과하다. 그런 점에서 우리끼리의 경쟁은 소모전일 뿐만 아니라 커피 업계의 발전이라는 측면에서 비효율적이라는 생각이 든다. 서로 공유하고 도울 수 있는 부분은 서로 도와 글로벌 브랜드들과 맞서는 것이 우리가 나누어 가질 파이가 더 커지는 길이기도 하다.

나도 어떻게 하면 파이를 키우는 일에 동참할 수 있을까를 고민하다 요즘 곳곳에서 진행되고 있는 재능 기부 캠페인을 보고 책 출간의 힌트를 얻었다. 내가 기부할 수 있는 것은 10여 년 동안 경험하고 배운 많은 것들을 남들과 공유하고 나누는 것이다. 그러던 중 책

을 통해 그것을 많은 사람들과 나눌 수 있는 소중한 기회가 내게 왔
다. 이 책에는 내가 커피 사업을 하면서 얻은 성공의 전략과 노하우
가 솔직하고 자세하게 소개되어 있다. 내가 사업을 하면서 멘토를
만나기를 간절히 바랐듯 이제 이 책이 많은 사람들에게 도움을 줄
수 있기를 진심으로 바란다.

Caffé bene
Story

카페베네 이야기 : 스타벅스를 이긴 토종 카페

초판 1쇄 발행 2011년 4월 6일
초판 12쇄 발행 2022년 11월 11일

지은이 강훈
펴낸이 김선식

경영총괄 김은영
콘텐츠사업1팀장 임보윤 **콘텐츠사업1팀** 윤유정, 한다혜, 성기병, 문주연
편집관리팀 조세현, 백설희 **저작권팀** 한승빈, 김재원, 이슬
마케팅본부장 권장규 **마케팅2팀** 이고은, 김지우
미디어홍보본부장 정명찬 **홍보팀** 안지혜, 김민정, 오수미, 송현석
뉴미디어팀 허지호, 박지수, 임유나, 송희진, 홍수경 **디자인파트** 김은지, 이소영
재무관리팀 하미선, 윤이경, 김재경, 오지영, 안혜선
인사총무팀 강미숙, 김혜진 **제작관리팀** 박상민, 최완규, 이지우, 김소영, 김진경, 양지환
물류관리팀 김형기, 김선진, 한유현, 민주홍, 전태환, 전태연, 양문현, 최창우

펴낸곳 다산북스 **출판등록** 2005년 12월 23일 제313-2005-00277호
주소 경기도 파주시 회동길 490
전화 02-702-1724 **팩스** 02-703-2219 **이메일** dasanbooks@dasanbooks.com
홈페이지 www.dasan.group **블로그** blog.naver.com/dasan_books
종이 (주)한솔피앤에스 **출력·인쇄** (주)북토리

ISBN 978-89-6370-545-3 03320

다산북스(DASANBOOKS)는 독자 여러분의 책에 관한 아이디어와 원고 투고를 기쁜 마음으로 기다리고 있습니다.
책 출간을 원하는 아이디어가 있으신 분은 다산북스 홈페이지 '투고원고란'으로 간단한 개요와 취지, 연락처 등을 보내주세요.
머뭇거리지 말고 문을 두드리세요.